技術者・研究者のための

技術者倫理のキホン

技術士（金属）
田中 和明【著】

―現場で使える技術者倫理の実際―

秀和システム

　「倫理」と聞くと、高校の「倫理社会」の教科書や大学の必修科目を思い出します。職場や日常生活では、「コンプライアンス」や「倫理的な行動」という言葉を聞くと、不安な気持ちになることもあります。しかし、倫理は私たちにとって非常に役立つ知恵です。

　最近のコロナ騒ぎでは、「不要不急の外出を控える」「県をまたがる移動を避ける」などの指示が、倫理的な側面から説得力を持って訴えられました。ペナルティが伴う指示も、背後には倫理的な判断がありました。

　「倫理」と似た言葉に「モラル」があります。外出時にマスクを着用し、三密を避け、会食を最小限に抑えることは、他人に迷惑をかけないモラルの一部です。法律の規定はありませんでしたが、人々の心に強く働きかけました。

　技術者倫理は、規則というだけでなく、さまざまな局面で適切な行動指針を提供します。技術者や研究者、ビジネスパーソンが直面する場面で役立つものです。制限や罪悪感を与えるのではなく、悩みや課題に対する解決策を提供するものなのです。

　本書は、技術者倫理を説明することを通して、技術者が直面する現実に対処する手助けとなることを目指しています。誰もコンプライアンス違反を望んでいるわけではありません。過去の過ちを解決する姿勢が求められているのです。しかし、誤った対処方法を選ぶと、問題に巻き込まれることがあります。

　本書を通じて得る気付きや学びが技術者の指針となることを願っています。ぜひ技術者倫理を心に刻み、周囲に良い影響を広める存在になっていただければ幸いです。

　　　　　　　　　　今日もものづくりの最前線で活躍されている皆様へ、筆者より

技術者・研究者のための
技術者倫理のキホン

目次

第4章　モラルのみかた

第5章　技術者倫理全体像

第8章 製造工程責任

第9章 環境倫理

第14章 技術者倫理思考実験

資料

COLUMN 目次

第 **1** 章

身近な倫理って何?

　研究者は研究が、技術者は技術開発が主な仕事と考えられがちですが、実際には違う側面があります。研究者や技術者の役割は多岐にわたり、その仕事を簡単に言い切ることはできません。

　現場技術者を長年経験した筆者自身は、コンプライアンス管理や安全管理に多くの時間を費やしました。これらも技術に関わる重要な仕事です。

1-1 現場技術者の日常

本節は筆者の経験談です。私自身は長い間、現場技術者として働いてきました。日々技術に関わり、新しい進歩を受け入れ、ものづくりの楽しみを感じていました。と言いたいところですが、現実は理想にはほど遠いものでした。

● 技術者の実際の姿

「君は技術者と名乗っているから、技術に長けているのだろう？」と言われるかもしれません。しかし、実際はそうではありませんでした。仕事の大半は、安全管理や法令順守の管理、トラブルへの対処、作業指示など、いわゆる日常業務と呼ばれる管理業務で、成長への学びは非常に少ない割合でした。

では、技術者ではないのかといえば、トラブル対応も製造指示もルーチン化された「技術」の一部です。ただし、製造指示では、ミスをすると大きな問題に発展する可能性があります。トラブル対応に不手際があれば、不合格製品の山を築くことになります。部下の取り扱いを誤ると、**ハラスメント**になります。「私は技術者なのか？それとも管理者なのか？」と、自問自答の毎日でした。

● 技術者の仕事とは倫理の問題か？

仕事を振り返ってみると、私が長い間取り組んできたことの大部分は、技術者としての倫理に深く結びついていました。「倫理」という言葉が腹落ちしないならば、「責任」や「正しい行動」と言い換えてもよいでしょう。

技術者の仕事は、製造現場に製造指示を行うことです。設備のトラブルや操業に関する問題、品質のトラブル、顧客からのクレームなど、これらの課題の根本解決には、技術者以外の人々が対応することは困難です。技術的な判断ができる者でなければ、技術的な問題を解決するのは難しいのです。安全管理や法令順守の管理も、技術者が関与する部分がたくさんあります。

技術者の業務は、すべて技術者自身が責任を持つものです。言い換えれば、技術者の責任感が業務に直結していると言えます。この考え方を受け入れるかどうかによって、あなたの日常の仕事に対する視点が変わる可能性があります。

現場技術者の日常

理想	現実	成長のための活動

理想
- 技術発表
- 技術開発のための思索
- 最新技術の学び

技術者

現実
- 製造指示
- トラブル対応
- 安全管理
- コンプライアンス管理

技術者倫理に関わる活動

COLUMN **ピーターの法則**

「ピーターの法則」をご存知でしょうか？ ピーターの法則とは、「どんな人でも、昇進すると無能になる。無能でない間は昇進するので、結果として組織は無能な人で溢れる」というものです。しかし、これは技術者に対して、失礼な言い分です。

「昇進すると無能になる」とは、「仕事範囲が増えるとこれまでの知見や経験でカバーできない仕事が増えて、パンクするか、ミスをする」ということです。技術者でいうと、技術の話はできるけれど、技術者倫理に関わる仕事の仕方を学んでこなかったので対処の方法がわからず、非倫理的な結果になることです。

ピーターの法則を引用して技術者を無能扱いする人たちには、「それはあなた方が、技術者に技術者倫理を教えてこなかったせいですよ」と言ってやりましょう。上から目線のピーターの法則などに、日本の技術者は負けません。

1-2 知って仰天の技術者稼業

> 本節はビジネスマンに共通の話です。ビジネスマンは一人で仕事することはありません。営業であれ、技術サービスであれ、開発であれ、組織の中で仕事をします。職場には、さまざまな意識や価値観を持つ同僚や部下、上司、経営者がいます。

● 新しい職場での倫理的な課題

　皆さんが、人事異動により新しい職場で働くことになったと想像してみましょう。そこでは、「これって法令違反じゃない？」という問題が待っているかもしれません。同僚や部下からは、「これはハラスメントじゃないの？」という疑念な行動や発言が出ることもあるでしょう。経営者からは、組織改善や人員削減の使命も託されるかもしれません。価値観に問題がある部下や、仕事に不慣れな初心者がチームにいることもあるでしょう。

　技術者はさまざまな現実に直面しながら仕事をします。技術的な議論だけではなく、組織内の実情とも向き合うことが求められます。こうした状況下で、「クレームは避けてくれ」「コンプライアンス違反には気をつけて」「コスト削減と同時に、環境にも配慮して」という、さまざまな追加要求がやってきます。何をどうしたらよいのか困惑します。

● 倫理的な問題と職場での対応

　技術者が自分自身の判断で非倫理的行動をするケースは、実際にはそれほど多くありません。多くの場合、以前から行われていたことが顕在化して発覚します。

　倫理的に正しい行動を取ろうとしても、組織や個人として難しい立場に立たされることがあります。このような場合、技術者はどのような対応をとるかが問われます。

● 実際の行動

　こうした状況で「技術者は倫理的な行動をとるべきだ」と言われても、「わかってはいるけど」「そんな理想論は無理だよ」「現実を直視してよ」といった考えが、技術者の肩にのしかかることになります。

1-3 技術者としての驚きと不安

あなたは新しい職場で仕事を始めます。技術者に限らず、仕事の遂行には周囲との連携が必要です。部下や同僚、担当する業務や領域で、さまざまな問題が発生しています。否応なく課題に直面することに、驚きと混乱を感じずにはいられません。

● 現実の不確かさ

あなたはすぐに、自分の職場でトラブルや**クレーム**が起きていることに気づきます。部下は「市場からのクレームが増えていますが、原因はわかりません」と、落ち着いた態度を見せます。「心配なことはないか？」と尋ねると、「いつものことですよ」という返答が返ってきます。ベテランの同僚は「これは業界の慣習なんだ」「会社のためにやっているんだよ」「利益が出なくてもいいのか？」と、衝撃的な発言をします。

現代気質の部下は、「指示通りにやりました」「すみません」と言い続けます。同僚は、「お前はなんだか上から目線だな」「すべてを受け入れながら進めよう」と言ったりします。ほとんどの人々は「技術者倫理」にあまり興味を持っていません。

● そして問題が浮かび上がる

あなたは、初めは違和感を持った職場にも慣れていきます。本来あるべき姿に対する意識は日々の仕事の中で次第に薄れていき、疑問を抱くことは減っていきます。しかし、ある日突然、全体点検によって問題が浮かび上がります。**法令違反**やコンプライアンス違反、不適切な標準、**倫理規定違反**が発覚して、愕然とします。

● 技術者倫理は知識だけでは足りない

以上の記述は、あなたの不安をあおり不快な気持ちにさせるかもしれません。誰もが不都合の発生は望みませんし、考えたくもありません。しかし、不都合が起こる可能性から目を背けていては、いざ不都合が発生したときに、体がすくんでしまい適切な行動ができなくなる可能性があります。

そこで本書では、不都合は仕事上必ず起こるものだという視点で、技術者倫理の仕事への役立て方を論じます。

16

1-4 倫理の本質

　正しい判断と誤った判断の間には微妙な差があります。大半の正しい判断は常識的なものであり、特別な勉強が必要なほど難しくはありません。本当の課題は、正しい判断の実行がなぜ難しいのかという点です。

● 横断歩道の事例

　信号待ちをしている横断歩道で、信号が変わる１秒前に渡り始めるケースと、青信号になってから２秒後に渡るケースを考えます。前者の場合、危険を無視し、安全意識が低く、倫理的な意識が薄い行動となります。実際車にひかれる可能性があります。後者の場合、安全を重視し、倫理的な行動をする人と言えます。車の接近があっても安全です。

　このように、わずか３秒の差で倫理的な行動とそうでない行動が分かれてしまう事例を、筆者は**２秒１秒の法則**と呼んでいます。

● ２秒１秒の重要性

　部下が怪我するかどうかも「２秒１秒」で決まります。回転体に手を出すかどうかの瞬時の判断が、指を擦り潰したりするかもしれません。開口部に足を踏み出す直前の意識が、転落災害の有無に繋がることも、「２秒１秒」で決まります。

　部下が怪我をする瞬間や、コンプライアンス違反が明らかになる瞬間、問題が発覚する瞬間でも、倫理的な選択ができるかどうかは「２秒１秒」で決まるのです。

● 倫理を業務に適用するための視点

　健全な社会人なら、倫理的な行動は理解しています。ほとんどの人が正しい選択をします。しかし、なぜ赤信号で渡ってしまうのか、通報をためらうのか、事故隠しをするのか、検査をごまかすのか、その理由について目をそらさずに考える必要があります。

　問題が発生する理由をきちんと理解しなければ、規則やルールはただの形式に過ぎません。つまり、技術者倫理を業務に適用するためには、内容だけでなく、それを妨げる背景や心の状態も含めて考えることが重要となります。

横断歩道で考える倫理的行動の本質

危険を顧みない 倫理観のない人

かわる1秒前に
渡り始める

まだ
赤信号

この差たったの

3秒!

安全意識の高い 倫理観のある人

右よし、左よし、
右よし(約2秒後)

青信号に
かわった

2秒1秒の法則
(筆者造語)

1-5 倫理の現実とギャップ

倫理的な行動を学ぶことと、実際に倫理的な行動を取ることは異なります。確かに、倫理的な行動の本質を知ることは重要です。しかし、正しい行動を学び、行動指針を覚えても、実際に倫理的な行動が実現されるとは限りません。

● 現実とのずれ

これまでの技術者倫理解説本の多くは、倫理的な行動についての議論でした。事例を挙げて、「倫理的な行動が取られなかった結果、大問題に発展した」という話がよく聞かれます。そして最後に、「倫理規定に従って行動すべきだ」と結ばれることが多いようです。

技術者や研究者は、一般市民と同じく普通の人々です。彼らが非倫理的な行動を取る理由や状況については、あまり言及されてこなかった面があります。

● ギャップの本質

普通の市民である技術者が、なぜ非倫理的な行動に追い込まれるのでしょうか？その理由は、周囲の状況や背景による**モラル**の不足や欠如にあります。この欠如が**倫理的なギャップ**を生み出します。

横断歩道の例を考えてみましょう。「誰も見ていない」「急いでいる」「車は来ないと思った」「途中で青になるだろう」といった理由により、「青信号なら渡る」というルールが実行されず、倫理的なギャップが生じます。

ただ倫理的な行動を学ぶだけでなく、なぜ倫理的な行動が難しいのか、ギャップが生じる理由に焦点を当てることが重要です。そうしなければ、「倫理的な行動を取る」という言葉は、単なる口先だけになってしまいます。

ギャップが発生する原因は単純ではありません。その人の背景や環境、関与する人々が異なれば、生じ方も変わります。ギャップを生じさせない対策をとることはもちろん重要ですが、ギャップが発生する可能性を理解し、臨機応変に対処する術を学ぶことも同じくらい重要です。

ギャップが発生する本質

実際の非倫理的な行動
（赤信号で渡り始める）

倫理ギャップ

● 誰も見ていない
● 急いでいた
● 車が来ないと思った
● どうせすぐに青になる

倫理的な行動
（青信号で渡る）

モラル

COLUMN　ギャップと氷山

　理想と現実のギャップを説明するときに「氷山」の絵を描く人がいます。現実は水面上のごく一部であり、真相は水面下の9割にあると説明します。はっきり言って、このような発想自体、「俺はよく知らないけど、お前ら思い当たるフシがあるだろう?」という、逃げ腰の評論家の言い分だと思います。

　9割のその隠れた原因をえぐり出したら、問題が解決すると本気で考えているのでしょうか。仕事には膨大な暗黙知があります。そんな9割の暗黙知をほじくり返すのではなく、ギャップが生まれる理由をしっかり把握することが解決への第一歩です。

1-6 自販機の倫理的ジレンマ

> 　自動販売機での倫理的な行動について考えてみましょう。あなたは自動販売機で飲み物を購入しようとすると、前の人が残したお釣りが釣り銭口に残っているのを見つけます。この状況でどのように行動するか、考えてみましょう。

● さまざまな反応

　皆さんならどのように行動しますか？　一般的な回答はさまざまです。誰も周囲にいなければ、そのままお釣りを自分のものにするかもしれません。お釣りをそのまま置いておく人もいるでしょう。しかし、自販機が会社のフロアにある場合は、貼り紙をして、お釣りのとり忘れを知らせるかもしれません。このように、状況や周囲の人の目によって行動は異なります。お金が落ちていた場合は、どのように行動するでしょうか？　金額や状況によっても、人々の反応は異なるでしょう。

● 心の葛藤

　自販機のお釣りを見たとき、人々の心の中ではどのような葛藤が生じるのでしょうか。正しい行動はわかっていても、実際の行動は状況や個人のモラル、過去の経験、最近の出来事などに影響される可能性があります。つまり、倫理的な行動は、外部状況と内面的要因の両方によって影響を受け、変化することがあるのです。お金に困っている人が大金を見つけた場合、その対応はどうなるでしょうか。

● 自販機の前の選択が技術者倫理に関わる

　自販機の前での行動は、実は技術者倫理的な行動と関連しています。たとえば、製品の標準違反を見つけた場合も同様です。正しい対応方法はわかっているものの、状況によっては、実際の行動が異なるかもしれません。人が見ていない場合、「気づかなかったことにする」という選択肢から、「違反を指摘して是正を促す」という選択肢まで幅広い行動が考えられます。個人や組織が倫理的であるべき状況において、行動がばらつく可能性を考えておくことも必要です。

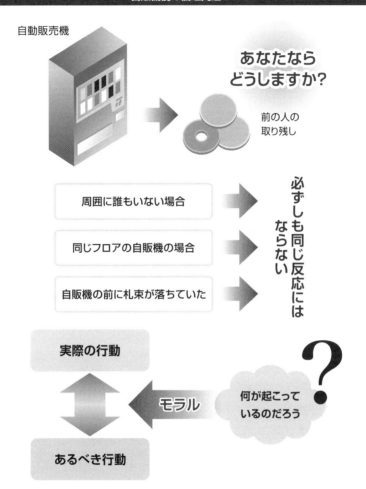

自販機前の倫理問題

自動販売機

あなたなら
どうしますか?

前の人の
取り残し

周囲に誰もいない場合	→
同じフロアの自販機の場合	→
自販機の前に札束が落ちていた	→

必ずしも同じ反応にはならない

実際の行動

モラル

何が起こって
いるのだろう ?

あるべき行動

COLUMN　レガシーシステムと技術者倫理

　ものづくりの現場でのレガシーシステムは、昔からあるシステム、設備、操業など製造のための基盤です。

　一般的にものづくりの現場は、半導体製造工場のように常に最先端技術で新設される産業を除いて、過去の製造基盤の上に次々とビルトインされます。このためセキュリティやコンプライアンスの遵守も、旧式の設備・システムでは、現代の要求に必ずしも適合せず、技術者倫理問題が発生することがあります。

倫理の賢人

　倫理と聞いて最初に思い浮かぶのは、古代ギリシャの三賢人、ソクラテス、プラトン、アリストテレスでしょう。実は、この三人は師弟関係にありました。アリストテレスの弟子にはアレキサンダー大王も含まれます。

　ソクラテスは、ギリシャの街や市場で「無知の知」を説いたことで知られています。彼は学校を持たず、著作を残さなかったとされます。デルフォイの神託によって「ソクラテスが一番賢い」と宣言されたことに疑問を抱き、より賢い人々を探し出して神託を疑わせようと試みたとされています。現代で言えば、やや皮肉なキャラクターかもしれません。

　ソクラテスの弟子であるプラトンは、ソクラテスの言動を記録しました。ソクラテスは個性的すぎる存在だったため、最終的に告発されて死刑判決を受けてしまいます。プラトンは師のやり方を踏襲せず、アテネに「アカデメイア」という近代の「アカデミー」の語源となる学校を設立しました。

　アカデメイアの優秀な生徒の一人がアリストテレスでした。彼はアテネで学校を作ろうとしますが、出身がマケドニアだったので実現できず、故郷に戻ります。アリストテレスはマケドニアで「リュケイオン」という学校を開きました。学者として戻ったアリストテレスは、マケドニア王から「息子の家庭教師になってほしい」と頼まれます。その息子こそが後のアレキサンダー大王です。

　アレキサンダーは友人のプトレマイオスとともに、アリストテレスから教えを受けました。アリストテレスは「本をたくさん読みなさい。本を集めて図書館と学校を作りましょう」と当時13歳の二人の生徒にアドバイスしました。

　アレキサンダーとプトレマイオスは、アリストテレスの教えに従い、成人してから図書館を設立しました。これが後にエジプトの新たな首都になるアレキサンドリアの中核にある「ムセイオン」です。ただし、彼らは王で、先生たちとは異なる立場でした。その学校の規模は膨大で、10万冊以上の本と多くの学者が集う当時最大の学苑になり、ソクラテスから脈々と続くギリシャ倫理学の総本山になりました。

| ソクラテス | 弟子 → | プラトン | 弟子 → | アリストテレス | 生徒 → | アレキサンダー大王 |

第 **2** 章

読み解き倫理

倫理を職場でどのように活用するかという話はあまり耳にしません。「プラトン曰く」とか「孔子曰く」と過去の聖人の言葉を語っても、多忙な皆さんにとってはあまり魅力的ではないでしょう。ましてや、「倫理規定曰く」などわかり切ったことを言われても、全くおもしろくありません。

法令遵守やコンプライアンスは、捕縛リスクがあるので知識が必要ですが、興味を引くものではないでしょう。しかしながら、「仕事に役立つ倫理」というアプローチがあるなら、それは知っておく価値がありそうです。

2-1 法と倫理とモラル

コロナ禍に対して、世界各国は法と倫理、モラルを活用して対応しました。一部の国は法と強制力によって規制しました。日本は、国民性に基づく倫理観とモラルへの訴えを通じて、社会的な活動と感染拡大の防止を両立させる方法を模索しました。

● 法と倫理とモラルの定義

法と**倫理**は、社会的な規範であり、人との交流におけるルールです。一方、**モラル**は個人の意識に存在するルールです。

● 法と倫理

法と倫理は、重なる性質と異なる特性を持っています。法は、普遍的なルールで、それに従う必要があります。法には、従わせるための公的な執行機関があり、違反すると罰せられる可能性があります。一方、倫理は、守る行為は個人に任されており、外部からの強制はありません。

法は具体的で強制力を持ち、倫理は抽象的で個人の価値観や状況によって変わる場合があります。法は、倫理のうち特に重要なものです。たとえば、殺人や窃盗などは歴史的に見れば倫理の範疇でしたが、社会の進化と共に刑法で罰せられるようになりました。

● モラル

道徳や常識が含まれるモラルには、公的な強制や罰則は存在しません。ただし、社会や組織の中での取り決めや暗黙のルール、同調圧力などで、個人の行動を規制する場合もあります。

道徳は個人が守るべき価値観であり、「常識」はその中でもさらに広いルールを指します。たとえば、順番を守ることや道路にゴミを捨てず清潔さを保つことは道徳的な行動であり、他人の所有物を勝手に使用しないことは常識的な行動と言えるでしょう。

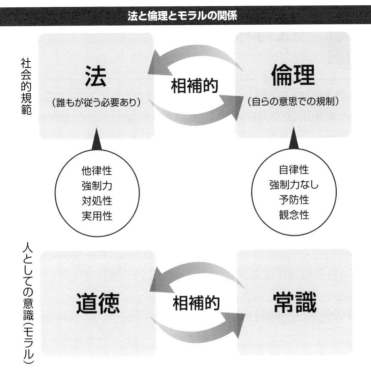

法と倫理とモラルの関係

社会的規範

法
（誰もが従う必要あり）

相補的

倫理
（自らの意思での規制）

他律性
強制力
対処性
実用性

自律性
強制力なし
予防性
観念性

人としての意識（モラル）

道徳　　相補的　　常識

COLUMN　**技術者倫理と人間の脳**

　技術者倫理を学ぶとき、ものづくりの知識は人間の脳に似ていることを意識すると理解しやすいかもしれません。

　人間の脳は、生命の進化過程で獲得した「爬虫類脳」「哺乳類脳」「人間脳」から成り立ちます。爬虫類的な脳は、反射的な行動や恐れやなど生命が生きていくための行動を制御します。哺乳類的な脳は、感覚や運動を制御します。訓練で難しい行動ができるようになり、動作がスムーズになるのは、この脳の働きです。人間的な脳は、高度な認知や精密な行動を司ります。人間は、これらの脳の総合作用で行動しています。

　技術者倫理が求める行動は倫理の遵守ですが、これは知識だけでは達成できません。非常や恐怖や不都合が発生したとき、人間は本能的に爬虫類的な原始的な行動をとりがちです。それがモラルハザードを引き起こし、倫理違反を発生させる原因となります。

2-2 仕事の目的

私たちの仕事の根本目的は、「人々の幸福の創造」です。この目的を達成するために、多種多様な職種の人々が、各々の職場で幸福の創造に貢献します。技術者もその一翼を担っています。

● 人々の幸福の創造

人々の幸福を実現するためには、さまざまな分野における仕事が必要です。その仕事は、工学や農林畜産などによる物の創造、理学や哲学などによる知識の追求、医学や薬学などによる生命の維持、政治や経済などによる社会の安定などです。技術者は、これらの分野の仕事のいずれかに関わるものとなります。

● 幸福の創造と基盤技術

人々の幸福を実現するためには、高度に情報化された社会の維持が必要です。ただし、情報化が進んだ社会であっても、治安の悪化や腐敗の蔓延などがあれば、人々の幸福は遠ざかります。戦争や災害、気候変動なども幸福追求の妨げとなります。

● 幸福の創造と精神的支柱

健全な社会を築くためには、安全で安心な環境が必要です。このために法律が整備され、それを補完する倫理が存在します。さらに、倫理や法律でカバーできない社会生活に必要な基盤を支えるものが、道徳や常識を含むモラルです。法がなく、倫理の欠如する社会では、幸福は実現できません。また、モラルのない社会では、万人が幸せにはなれません。

COLUMN　**平等とべき論**

　「発表会で順位をつけると差別になるので、『がんばりました賞』を全員に渡しましょう」「競技には勝ち負けがあって傷つく人が出るので、競技自体を止めましょう」と主張する人があったとしましょう。

　「競争のない社会が正しい」「皆が平等な社会が正しい」。このような主張をする人でも、自分の給料を貧困家庭のために全額寄付をすることはしません。資産のすべてを投げ出して、無一文になろうとはしないでしょう。今の生活レベルを維持・向上させ、余裕があれば善行に使おうとするだけです。

　倫理的に正しいことを主張することと、それを実行することは別問題です。倫理も「べき論」に陥っていないか、自己点検が必要です。

2-3 モラルと倫理

最近の事例では、「マスクを着用する」「不要不急の外出を控える」などがモラルに該当します。日本では、ワクチンの接種体制を整えると同時に、心理的同調圧力が活用されました。また、「休業要請」「時短営業要請」なども、倫理に訴える形で行われました。

● 常識と道徳

モラルと近い概念に、**常識**と**道徳**があります。常識は社会的に受け入れられる「行動や事柄の通例」です。一方、道徳は「適切な行動規範である道」と「徳を持って行動すること」の組み合わせであり、他人を思いやる心や善悪の判断基準です。日本では、生命の尊重や他者への思いやりなどの心が含まれ、善悪の判断基準として機能します。

日本では、小学校で道徳を教わります。小学校低学年向けの道徳では、「自分を見つめて」の章で「規則正しい生活」「やるべきことをしっかり行う」「よいと思うことはすすんで行う」「してはならないことがある」と教えます。さらに、「人とともに」の章では、「気もちのよいふるまいを」「あたたかい心で親切に」「ともだちとは仲良く」「お世話になっている人に感謝して」と教わります。

ただし、こういう道徳を学んでも、いじめや迷惑行為がなくならないのが現実です。

● モラル

モラルは、常識や道徳だけでなく、倫理も含んだ広範な概念です。人々の行動の正誤を示すだけでなく、生き方や精神的態度も含みます。人々が無意識に身につけるものと言えます。

● 倫理

倫理はモラルの一部であり、「人々が従うべきふさわしい行動規範」が書かれたものです。特定の社会で正邪や善悪を判断し、適切な行動を示すためのルールが倫理です。倫理は成文化されており、「守るべきルール」として示されます。宗教の戒律は、倫理の一形態と考えられます。

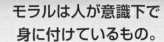
モラルと倫理の関係

モラルは人が意識下で
身に付けているもの。

倫理は規範として成文化できるもの。
これを倫理と呼ぶ

例えば最近でいうと
「マスクをする」
「不要不急の外出をしない」
「自粛要請、3密を避ける」
モラルの世界

倫　理

書き下せる
もの

○○宣言に伴い
「休業要請」
「○○○検査ルール・手順」
「他県への移動」
**罰則規定はない
規則＝倫理の世界**

2-4 職業倫理

筆者は倫理の専門家ではないので、職業倫理の完全な体系を網羅する議論は行いません。ここでは、職業倫理として、本書のテーマである技術者倫理の一部分を紹介します。

● 倫理の分類

倫理は大まかに倫理学と応用倫理に分けられます。**倫理学**は、善や悪についての規範を扱う**規範倫理学**、倫理自体を研究する**メタ倫理学**、倫理に関する記述を研究する**非規範倫理学**の3つに分類されます。

応用倫理学は、社会生活に関するモラルや道徳などを含む**生活倫理**、専門職倫理に分けられます。**専門職倫理**は、法律家や医師、知的財産関連の倫理などが含まれます。これらの職業は特別な知識やスキルを必要とし、その仕事を遂行する上で倫理的なガイドラインが求められます。

● 職業倫理

職業倫理は、職業全般に関わる倫理です。法律家、医師、知的財産関係者など、専門的な知識やスキルを持った人が担うこれらの職業においては、職業に応じた適切な倫理規範、つまり専門職倫理を遵守することが求められます。しかし、他の職種に倫理が不要というわけではありません。たとえば、輸送業、マスコミ、ものづくり関連の職種も、倫理的な規制が重要です。技術者も同様で、技術者という職業においても当然守るべき倫理が存在します。

ものづくりの分野は、一部の職種を除き、専門職倫理が必要な職業資格が必須とされるわけではありません。しかし、職業資格がなくても、その分野における倫理は保たれるべきです。**技術者倫理**は職業倫理の一部を担うものです。技術者たちは専門的なスキルだけでなく、倫理的な責任も理解し、実践していく必要があります。

職業倫理は古代から存在しており、専門職業が発展するにつれて必要性が高まってきました。個々の職業に応じた倫理が整備され、その職業の健全な発展を支えてきました。ものづくりの分野においても、技術者倫理がこの一環として位置づけられます。

倫理の分類

倫理	倫理学	規範倫理学	「善」や「倫理」の受け入れ	
		非規範倫理学	メタ倫理学	「善」や「倫理」の受け入れ
			記述倫理学	「善」や「倫理」を信じる割合調査
	応用倫理	生活倫理	モラル・マナー・ルール	
		専門職倫理	産業分野倫理	
			職業倫理	弁護士・医師・会計士等
				技術者倫理

職業倫理

自給自足 皆が同じ仕事	分業化	超細分化

俺、王様

僕たち
兵士

私たち
ものつくり

私たち学校
の先生

ちゃんと仕事
やっているのかなあ

君主倫理	ものつくり倫理
兵士倫理	教師倫理

職業倫理

もの作り
倫理
＝
技術者
倫理

● 職業倫理の成立

　原始社会では、人々は自給自足の生活を送っており、皆が同じ仕事を行っていました。やがて、農業が発明され、集団は定住しました。集団内で富が蓄積されるにつれて、作業の効率化のために仕事の分業が始まり、農業、職人、兵士など、さまざまな職業が生まれました。

　これに伴い、各職業の専門家が正しく仕事を行っているのかを確認する方法が必要になってきました。つまり、職業に就いている人は、健全な倫理を持つ必要が生じました。こうした背景から、職業倫理が発展し、専門職業ごとに倫理が確立されていきました。王様の倫理は、君主論などで論じます。軍人の倫理、教師の倫理、農民の倫理などが規定され始め、ものづくりに関わる人にもものづくりの倫理観が必要になってきました。

　現代においても、技術者倫理は技術者の専門性と責任を支え、安心して任せられる重要な要素となっています。

職業倫理の成立

法律家
＝
司法試験
司法倫理

知的財産
＝
弁理士
知財倫理

医療
＝
医師免許
医療倫理

輸送に
関わる人

マスコミに
関わる人

会計
＝
公認会計士
会計倫理

ものづくりに
関わる人
技術者
倫理

第 **3** 章

丸わかり技術者倫理

技術者倫理は、仕事で技術問題が生じたときに、対処すべき道筋を示してくれます。技術者倫理は、法律を覚える必要はありませんし、特別な専門知識も求められません。技術者倫理は、「知識」ではなく、適切な行動の仕方、つまり「知恵」に焦点を当てたルールです。

知恵は頭で理解するだけでなく、体育会的に繰り返し練習して体で覚えるものといえます。事実、第1章で紹介した「2秒1秒の法則」は、反射動作に通じるものです。技術者倫理は、「直感」を駆使して適切な行動を取るための指針と言えるでしょう。

3-1 技術者とは何か

本書を読んでいる皆さんは技術者です。技術者とは、技術を駆使して仕事を実行する職業の人々です。技術者になることは、専門職倫理を必要とする職業よりは容易かもしれませんが、一流の技術者であり続けるためには努力が必要です。

● 技術者の定義

英語で「**技術者**」は、"engineer" といいます。"en" は「何かをならしめる」、"gine" は "genius" で「非凡な才能」を示し、"er" は「何かをする人」を意味します。つまり、語源としては「創造的で非凡な才能を持ち、人類に貢献する人」という意味になります。実際の定義としては、「科学的な専門知識や技術を持ち、それを実際の仕事に活かすことを職業とする人々」です。

技術者の範囲は広く、ものづくりに関わる人だけでなく、医療技術者や経済の専門家なども含まれます。技術者はさまざまな職種において存在します。

技術者倫理は、この多様な技術者に共通する職業倫理を統括する概念です。そのため、理学や医学、政治などの分野で働く技術者にも適用されるものです。

さらに技術者は、経験を増すにつれて、技術のカバー範囲や管理範囲が大きくなり、専門技術だけではなく、担当する組織全般の技術にも責任が出てきます。

● 技術者としてあり続けること

ここで質問です。あなたは身近な「かかりつけ医」に、どのような姿勢を期待しますか？　きっと、「常に最新の医療情報を学び、急速に進化する最先端の医療技術に精通し、患者のニーズに真摯に向き合っていること」を望むのではないでしょうか。

医者を「技術者」に置き換えてみましょう。技術者には、「常に最新の技術情報を学び、急速に変化するものづくり技術に通じ、自己のスキル向上に努めること」が期待されます。

このように考えると、技術者は**持続的な自己研鑽**が必要になります。日々進化する技術の世界で、技術者が価値ある存在であり続けるためには、絶え間ない努力と技術者として責務を果たす修行が欠かせません。

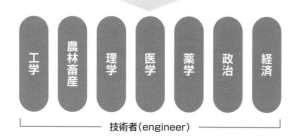

技術者とは何か

技術者（engineer）

| en ～ならしめる | genius 非凡な才能 | er ～な人 |

創造的で非凡な天賦の才能を持って
人類に貢献する人

工学　農林畜産　理学　医学　薬学　政治　経済

技術者（engineer）

COLUMN 非凡な才能

　「技術者は非凡な天賦の才能……」などという技術者の定義を聞くと、あまりにも高邁すぎて、「技術者はレオナルド・ダ・ビンチみたいにならないかんのかい！？」と思ってしまいます。たしかに技術者は、歴史的に見ると、呪術師や錬金術師の流れを引く、「非凡な才能」を持った職業人です。

　辞書には、技術とは「ものを取り扱ったり処置する方法や手段」とあります。昔から自然や工作物を取り扱う術は、そのような術を持たない人にとっては非凡なものでした。たとえば、pythonのプログラミングは、それを知らない人にとっては非凡なものですし、高温の炉内の制御は、それができない人にとっては非凡なものです。

　「非凡な才能」を「技術」と言い換えれば、技術者とは「技術を身につけた人」となります。こう考えれば、定義の高邁さに押し潰されず、気持ちも少し軽くなります。

3-2 技術者倫理を一言で言うと

技術者倫理を簡潔に表現すると、「技術的な課題や問題が浮かび上がったときに適切な行動が取れる指針」です。もちろん、技術者倫理には、仕事への責任感や遂行能力も含まれています。

● 技術者倫理の特徴

製品の不具合や製造上のリスクは、**技術者の専門知識**によって予見されます。技術者は、他の人々が気づかない技術的な問題やリスクを理解できるからです。

では、問題を発見した場合、技術者はどのような行動をとるべきでしょうか。「公衆に迷惑をかけないように最大限努力する」と述べるのは簡単なことです。しかし、大半の技術者は組織の一員です。結果として、**組織の論理**に押し切られて、公衆に迷惑をかける可能性もあります。もちろん、短絡的な内部告発やSNSでの不都合の拡散などは、**公衆の迷惑**を防ぐためには必ずしも適切な方法ではありません。

技術者倫理は、「技術者が、技術的な課題や問題に直面したときに倫理的に行動する」ために役立ちます。

● 学生の技術者倫理と社会人の技術者倫理

社会に出る前の学生が技術者倫理を学ぶことは重要です。特に**研究倫理**は、研究業務での不正行為に対する警戒心を高める効果があります。大学で研究をする学生たちには、技術者倫理の研究倫理は必ず知っておかねばならない知識です。

ここからは、これまでの技術者倫理であまり語られてこなかった筆者の問題意識をお話しします。これは、自明すぎて誰も触れたがりません。

ものづくり現場の技術者にとっても、技術者倫理が重要なことは言うまでもありません。しかし、その教育は企業に任されており、現在の教育・育成環境では、社会人にも技術者倫理を学ぶ機会が充分に提供されているか不安が残ります。

ものづくりの第一線で活躍している技術者が、技術者倫理を学び、その指針に従って行動することで、難しい決断にも自信を持って対処できるようになります。筆者は、社会人が仕事に役立つ技術者倫理を学ぶ場や手段を広く提供され、もっとよく知ることが最重要の課題だと考えます。

問題が起こった時、どう対処するか

問題を知ってしまった時、どう対処するか

問題の相談を受けた時、どう対処するか

問題の可能性に気付いた時、どう対処するか

COLUMN 「技術者倫理」普及を目指す

　品質管理や労働安全管理は、企業内に入り込んで活用されていますが、「技術者倫理」の企業内での活用は、まだ不十分なのではないでしょうか。

　もちろん、これは筆者が働いていた職場で経験した狭い仕事範囲での知見ですし、製造物責任や環境倫理などを個別に学んでいる企業も多いと思います。ただ、技術者倫理をものづくりの基盤に据えている企業は、どれくらいあるのでしょう。

　大学生向けの「技術者倫理」が研究倫理が中心であるため、技術者倫理の敷居が高くなってしまっているのかもしれません。

　企業が技術者倫理に対して、品質管理や労働安全管理と同等の熱意で取り組む日々を目指して、普及活動を続けていきたいと思います。

3-3 ▶ 技術者倫理の歴史

> 技術者倫理の歴史を振り返ることで、その多様性が理解できます。技術者倫理は、過去のさまざまな時代での技術者や技術作業者に課せられた要請や使命が蓄積され、現在の内容が形成されています。

● 技術者倫理の歴史

技術者倫理の議論が始まったのは比較的最近で、電気通信技術の発展が始まった1900年頃です。当初の技術者倫理は、**技術者の雇用主への忠誠心と従順さ**を強調していました。電気、機械、土木の技術者協会が、技術者が守るべき倫理的な指針を策定しました。

工業化の進展とともに、技術的な欠陥による事故が増加しました。このため、技術者のスキル向上と意識改革が求められ、**公衆の安全、健康、福祉**への貢献を重視する現代の技術者倫理像が確立されました。

さらに1950年代には、科学技術の進歩が生み出す変革に対する生命倫理や環境倫理など**科学技術倫理**が提唱され、技術者の責任が拡大しました。

2000年代に入ると、科学技術倫理と技術者倫理を分離する動きが出てきました。これは、技術者の負担が増大していることから、技術に特化した倫理の考え方が模索された結果です。また、米国の大企業エンロンの粉飾決済事件が**組織倫理**と**企業倫理**の重要性を浮き彫りにし、技術者倫理にもこれらの要素が加えられました。

● 「技術者倫理」と呼ばれるのはなぜか？

「生命倫理」や「環境倫理」、さらに最近では「AI倫理」など、さまざまな科学・技術倫理の概念が議論されることがあります。では、なぜ「技術倫理」ではなく「技術者倫理」という言葉が使われるのでしょうか？

「技術者倫理」は、特定の科学分野の倫理の概念ではなく、「技術者」という職業に関連する倫理です。弁護士や医師には職業の責務が求められるのと同様に技術者も「技術を職業とする者の責務」が存在します。技術者倫理は、**職業倫理**の一つです。技術者が持つべき倫理的な行動指針や価値観を考える上で、技術者倫理が大いに役立ちます。

技術者倫理の歴史

1900年		1950年	2000年
電気通信技術発達	技術欠陥による事故	科学技術倫理の芽生え	科学技術倫理の分離と深化

雇用者への
忠誠と従順

公衆の
安全・健康・
福利厚生

科学技術に
対する分野
責任

組織の倫理

電気技術者協会	技術者育成協議会	ニュルンベルク綱領		エンロン事件*
機械技術者協会	プロフェッショナルエンジニア協会	生命倫理	医療倫理	企業倫理
土木技術者協会	電気電子学会	環境倫理	教育倫理	ヒトゲノム解析
		応用倫理	報道倫理	大規模研究技術開発倫理
		情報倫理		

＊エンロン事件：米国の超巨大企業であったエンロンは、2001年に水道・電力事業が失敗していることが世間に広まり倒産した。1980年後半から粉飾決算をしていた。これを機に企業倫理の議論が沸き起こった。

3-4 技術者倫理の特異性

技術者倫理には、他の職業倫理とは明確に異なる特異性があります。これは「歴史的視点」「プロセス的視点」「倫理問題の発生タイミング」の3つの面で説明できます。

● 歴史的視点の特異性

技術者倫理は、1900年以降の歴史的な経緯から形成されています。異なる時代において、技術者倫理はさまざまな倫理観を取り込んできました。**雇用主への忠誠心や従順さ**、**公衆の安全や健康への責任**、新たな科学技術の出現に伴う**倫理的責任**の明確化、**組織の不正行為**への対処など、歴史的背景によって異なる視点の倫理観が技術者倫理に取り込まれてきました。これにより、技術者の責務は雇用主だけでなく、顧客、組織、人類全体に影響を及ぼす複層構造を持つようになりました。

● プロセス的視点の特異性

技術者倫理は、ものづくりのプロセスにこだわります。ものづくり技術者は、研究開発から製造、販売、市場への展開まで、多岐にわたるプロセスで発生するさまざまな課題に対応する必要があります。本書では、主にこの**プロセス的視点**に焦点を当てて説明します。技術者倫理は、製品の生産過程だけでなく、その利用や廃棄の段階まで広範にわたります。一方で、医療倫理や法律倫理のように、特定の業務範囲やジャンルに限定されることは少ないのが特徴です。

● 倫理問題の発生タイミングの特異性

技術者倫理は、他の職業倫理と異なり、**不都合が発生**したときに問題が浮かび上がります。このため、迅速で具体な対応が求められ、短時間で**その場しのぎ**の対応が必要な場合もあります。この特異的な要求は、技術者倫理が直面する困難さや独特な側面を示しています。

技術者倫理に内包する特異性

技術者倫理

歴史の中で培われた倫理観

歴史的な背景を包含

雇用者への忠誠と従順

科学技術に対する分野責任

公衆の安全・健康・福利厚生

組織の倫理

多くの段階を持つ総合倫理

ものつくりの特性

研究開発

貯蔵

製造

販売

管理（品質管理）

機能保証

物流

他の職業倫理では対応困難

倫理が問われる場面

事故＝非日常

禁制ではなく行動が必要

実践的＝対策必要

時間制約の中での最善策

非普遍的＝TPOで変化

予見・予防保全主体

3-5 技術者倫理の問われ方

技術者倫理が注目されるのは、技術的問題が発生した瞬間からです。これは「問題の可能性を認識したとき」も含まれます。事故やトラブル、不都合が生じた場合、技術者はどのような行動を取るべきでしょうか。

● 技術者の特性

技術者が問題に遭遇すると、問題の原因や仕組み、技術的解説に興味が行きがちです。技術者は、問題の技術内容が見え、理解できるためです。しかし、技術解説をいくら行っても、問題解決にはあまり役立ちません。まず考えなければならないのは、目の前のトラブルを解決するための具体的な行動や対処方法、被害を最小限に抑える判断基準です。

技術者倫理の違反には、必ず被害者や不都合な事態が存在します。その対処をないがしろにして解説を行うことは、評論家的行動であり、自己満足に過ぎません。

● 技術者倫理の挑戦

一般的なモラルや生活倫理の違反行為は、一般的な対処方法が存在します。たとえば、モラルに反する行動には、モラルに合致した行動をすることが正解です。

しかし、技術者倫理の違反行為は、個々の事案ごとに対処方法が異なります。たとえば、製造物責任に違反する行動があった場合、その対処方法は多岐にわたります。市場で製品の性能異常が発覚した場合には、修理、交換、返品などの選択肢があります。さらに、時代や背景によっては、過去の経験が通用しないこともあります。

生活倫理では、「しない」という自制が大切ですが、技術者倫理は「する」という積極的な行動が求められます。生活倫理はじっくりと考えて行動を選ぶことができますが、技術者倫理は時間や状況の制約が多く、最適な選択を即座に行う必要があります。技術者倫理違反への対処は、被害を最小限に抑えることが最も重要です。

職業倫理の問われる場面

事故・トラブル発生の際

事件
事故

考え方ではなく対処方法

×	○
理屈	具体的行動
原因	対処
仕組み	被害最小
技術解説	ガイドライン

普遍解がなく全て個別解

生活倫理	技術者倫理
普遍的で納得しやすい	時代・背景で解が違う

「しない」ではなく「する」

生活倫理	技術者倫理
〜しない 〜してはいけない 〜を禁じる	〜するように努める 〜に注意する 〜をする 〜が望ましい

制約条件の中での最善策

生活倫理	技術者倫理
じっくり考える 納得いくまで話しあう	時間的制約 場所的制約 条件的制約の中で満足できる対処

発生前に予見・予防保全

起こると負け
▶被害最小のリカバリのみ

できること
▶起こる前に防ぐ予見・予防保全

3-6 予防倫理と志向倫理

近年の技術者倫理の議論において、予防倫理と志向倫理という考え方が注目を浴びています。特に科学者や研究者、技術者の中でオリジナリティや創造性を尊重する観点から、予防倫理から志向倫理への転換が提唱されています。

● 予防倫理

現在の技術者倫理が、「するべからず」であるという指摘は興味深いものです。これは、生活倫理（モラル）が「するべからず」の形であり、技術者倫理が「する」の形であるという筆者の説明と一致しません。この齟齬は、特に**研究倫理**を取り上げる議論で発生している場合が多いようです。

大学における倫理教育は、当然ながら研究倫理を重視します。研究倫理の問題は、研究費の不正使用やデータの捏造・偽造、盗用などの不祥事です。これに対しては、「するべからず」という議論が主流となります。

● 志向倫理

志向倫理は、オリジナリティや創造性を大切にする科学者・研究者・技術者にとって重要な倫理です。「行うべきことややりたいことを実行する」という立場です。これは、「するべからず」という禁止事項を順守するだけでなく、自分自身が望む目標に向かって行動することを意味します。

「プロ（社会人）としての行動を考える倫理」は、企業や個人として働く社会人を対象としており、報酬を得る対価と引き換えに提供される行動規範です。

ここに、認識のずれが潜んでいるような気がします。それは「プロは倫理的である」という前提です。社会人は学生と異なり仕事の対価をもらうのだから、行動は倫理的だと考えるのです。プロでも**モラルハザード**が起きると、倫理に反する行動をすることは明白です。これは「研究のプロ」の職業研究者でも「研究倫理」違反行為をすることからも、「報酬をもらう人は倫理的である」と考えるのは認識のずれがあります。

プロとしての倫理は社会的な合意に基づいていますが、技術者倫理を理解し、活用し、信頼されるプロとして行動をすることが重要です。

予防倫理と志向倫理

最近の技術者倫理をめぐる議論

予防倫理

- ●〜するべからず
- ●個人の行動の是非を
　学ぶ倫理
- ・前慣習レベル
- ・トップダウン
- ・ルールに従う
- ・座学中心
- ・非難する
- ・妥協・二者択一

志向倫理

- ●すべきこと・為したいこと
- ●プロ（社会人）としての
　行動を考える倫理
- ・脱慣習レベル
- ・ボトムアップ
- ・ルールを提案する
- ・グループ討議
- ・批判（助言）する
- ・創造的第三案

志向倫理 オリジナリティ・創造性を重視する科学者・研究者・技術者に必要な倫理

東京大学令和3年度研究倫理セミナー

COLUMN　技術者倫理から見たJR福知山線脱線事故

2005年、JR西日本の福知山線で、運転士や乗客107人が死亡する列車脱線事故が起こりました。制限速度70km/hの右カーブに116km/hで侵入したため、列車が脱線して線路脇のマンションに突っ込んでしまいました。

直接原因は、運転士が制限速度を守らなかったことです。しかし、その背景には様々な倫理的な問題が隠されていました。運転士は、直前の駅でオーバーランを起こし、これを短めに報告するよう車掌と虚偽申告のやりとりをしていて、注意散漫になっていました。このため「制限速度を守る」ことへのギャップが発生したのです。

JR西日本は当時、私鉄各社と激しい顧客獲得競争をしており、スピードアップや運行本数増加など、サービス向上を目指していました。そのため、列車運行に関わるトラブルについて厳しく指導を行い、ミスなどがあると「日勤教育」と称して就業規則の書き写しなどの懲罰的な作業をさせていました。集団浅慮に陥った組織は運転士にストレスを与え、事故に至りました。

3-7 倫理的な行動とモラル

倫理的な行動は、どこから見ても正しい行動です。「飲んだら運転するな」は、ほとんどの人が倫理的に正しい行動と認識します。しかし、ここには個人の意識に委ねられている部分もあります。個人の意識だけでは、時折正しくない結果が起こる可能性があります。

● 飲酒運転の倫理

「飲んだら運転するな」は、その背後にある理由から倫理的に正しいとされます。さらに法律で規制までされています。そもそも、なぜ飲酒運転を避けるべきなのでしょうか？「飲酒運転が発覚したら職場で問題になる」「他人を傷つけてしまったら後悔することになる」といった、自身の**不利益を強調する言葉**で倫理的な行動を促すことがあります。

しかし、こうした脅しによってだけで、行動を変えられる人はどれだけいるのでしょうか。確かに、ほとんどの人は飲酒運転を避けますが、中にはその誘惑に負けてしまう人もいます。

● モラルハザードがもたらすギャップ

技術者倫理で問題が起こるとき、倫理的な行動とその結果の**ギャップ**を指摘し、その原因を**組織の風土**や**意識の持ち方**といった要因に帰結させることがあります。しかし、このアプローチでは、ギャップが解消されないままです。問題は、なぜそのギャップが生じるのか、その根本的な理由に目を向けるべきです。

一般的に、モラルハザードが理想と行動のギャップを生み出します。技術者倫理を理解すると同時に、倫理的な行動と結果のギャップが生まれる原因であるモラルハザードに焦点を当てることが重要です。飲酒運転が危険であることは認識していても、その行為を選択する理由や、背後にあるモラルハザードを理解しなければ、倫理的な行動は難しいでしょう。

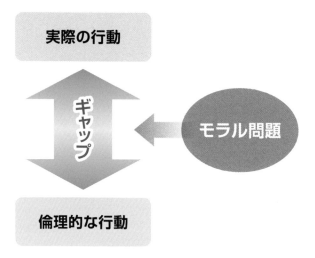

倫理的な行動にギャップをもたらすモラルハザード

実際の行動

ギャップ

モラル問題

倫理的な行動

COLUMN　リーダーシップの技術者倫理

　業務やプロジェクトの成功は、組織が一丸となって目標達成に突き進むことで得られます。その過程においては、マネジメントと倫理的なリーダーシップの果たす役割が重要です。

　マネジメントは、組織の階層が業務の遂行原動力になります。上司や、マネジメントを司る組織が、目標達成のために常にPDCAを回し続けます。理性的かつ合理的に計測される数値目標や成果物など、いわゆる組織の「知」の活動です。

　リーダーシップは、必ずしも組織の上司ではなくても構いません。組織の構成員を倫理的な方向に導く組織の「情」の活動です。倫理的なリーダーシップは、約束を守り信頼を築く「誠実さ」、組織の差別や偏見を排除する「公平性」、持続的に社会的に貢献する「社会的責任」を実行し、組織を倫理的に正しい方向に導きます。

　知のマネジメントと情のリーダーシップを適切に組み合わせた組織運営が、成功には必要です。

交通刑務所で見た倫理ギャップ

　以前、筆者は職場の交通安全教育の一環として、交通刑務所を見学する機会がありました。その刑務所は周囲の塀が低く、比較的自由な雰囲気が漂っていました。しかし、ちょうどそのときに収監される人々が護送されてくるのを目撃しました。手錠と腰縄を身に着け、完全に囚人の姿でした。

　交通刑務所は、何度も飲酒運転を繰り返した人や、交通違反により死亡事故を引き起こした人が収監される場所です。彼らは法律に違反し、その結果としてここに入ることとなりました。彼らの行動は、モラルや倫理の問題だけでなく、法に違反した結果としてのものです。

　受刑者の手記には、深い悔いや反省の言葉が書かれていました。「酔ってないから大丈夫だろう」「ちょっとだけなら問題ない」という言い訳の中で、ハンドルを握る姿が浮かび上がってきます。

　こうした人々は、何度「恐怖」や「不利益」について警告されても、最終的に他人の命を奪う結果に至るまで、その行動様式は変わりませんでした。「飲酒運転を避ける」という明確な命題に対して、実際の行動との間にギャップが生じてしまった現実があります。

　このような倫理的な行動のギャップは、モラルの問題として捉え、解決するためのアプローチが求められます。倫理とモラルの関係性を考えながら、この問題に取り組むことが大切です。

第 **4** 章

モラルのみかた

　技術者倫理についてまだ釈然としない人でも、本章で紹介するモラルについては、共感できる点が多いと思います。これまでモラルについて聞いたことがない人には、本章で紹介される内容は、将来の人生において確実に役立つでしょう。

　なぜモラルについて最初に語るのでしょうか？ それは、「**誰でも倫理的な行動を知っている**」からです。多くの場合、人々は何が倫理的であるかを理解しています。しかし、なぜそのような行動を実行できないのか、その障害や理由について考えると、なかなかその原因を言語化できません。それを説明するのがモラルの役割です。

　倫理的な行動を知っているにもかかわらず、実行できないと感じる人々にとって、モラルは問題の解決に向けた手がかりとなります。

4-1 8つのモラルの物語

> モラルは、本節で述べる8つの「であってはいけない」型で定義します。モラルを知ると、研究不正からハラスメントまで、さまざまな技術者倫理に違反する行動の理由が理解できます。モラルは「生活倫理」と呼ばれる場合もあります。

● 8つのモラル

1. **利己主義**：他人よりも自分自身を優先し、個人的な利益を追求すること。
2. **自己欺瞞**：自分の言い訳を信じ込み、現実を歪めて自己を欺くこと。
3. **意志薄弱**：正義や正しい判断を実行する勇気が欠け、他人の意見に流されること。
4. **無知**：知識や知恵を得る努力を怠り、適切な判断を下すことができないこと。
5. **自己本位**：他人の視点や意見を無視し、自分だけの立場や利益を優先すること。
6. **狭い視野**：物事の一面のみに固執し、全体的な視野を持たずに判断すること。
7. **権威追従**：自らの判断力を放棄し、権威や上司の意向に従うこと。
8. **集団思考（浅慮）**：集団内の価値観や意見を優先し、独自の判断を怠ること。

● モラルを学ぶ意義

通常、技術者倫理の問題が発生すると、当事者は上司や査問委員などから「なぜやったんだ」と問い詰められます。しかし当事者は、倫理的な行動と実際の行動のギャップがなぜ生じたのかを言葉で説明できません。そうすると、周囲からは「モラル感がない」省略行為の常習者と決め付けられてしまいます。

対策が「モラルと責任感を持つ」では、実際に何をすればよいのか不明なので、再発防止は困難になります。表に出てきた現象や言葉だけで判断しようとすると、その裏に隠された当人を取り巻く状況や環境を把握することができません。このため、同じ不都合が繰り返し発生する可能性があります。

● モラルの使い方

　技術者倫理におけるギャップが生じる出来事が発生した際、その人が8つのモラル違反のどれに該当したのかを考えると、その人の特定の弱点や環境の影響がわかります。8つのモラルを用いることで、倫理的な行動と実際の行動のギャップを埋めるための有効なアプローチができるようになります。

「であってはいけない」型のモラル定義

集団思考　　利己主義

権威追従　　　　　自己欺瞞

狭い視野　　　　　意志薄弱

自分本位　　無　　知

COLUMN　青い鳥症候群と技術者倫理

　「青い鳥症候群」とは、現状を受け入れられずに、もっと自分の能力を発揮できる職場を探し求める行動を指します。この症状は転職に限らず、自分が現在行っている仕事に向かうときもあります。

　「現在の操業条件ではどうしても欠陥が出る。これは欠陥が出ない操業条件を私が知らないからだ」「災害が起こるのは、理想の安全対策がとられていないためだ。その対策を知るためにコンサルタントを雇う必要がある」。

　このように、自分がまだ知らないスイートポイント（最適点）があると考えて、それを知ることを望む状態です。やがて、その青い鳥（理想状態）は捕まえられないと気づきます。そのとき人は2つに分かれます。絶望と苛立ちを感じるか、青い鳥を追いかけることに希望と安らぎを見出すかです。

　本書のテーマである「仕事に役立つ技術者倫理」は、青い鳥を捕まえるものではありません。一歩でも青い鳥に近づこうと努力する技術者に、精神的な援助を与えるものです。

4-2 利己主義

利己主義（エゴイズム）は、自己の欲望や利益を優先し、他人や社会に迷惑をかける
ことなどを無視して、自分勝手に行動する態度や行動様式を指します。

● 利己主義の特徴

1. **自分勝手な行動**：利己主義の人は、自分の利益や快楽を最優先に考える傾向がある。他人の立場や感情を考慮せず、自分に都合の良いことを選択しがちである。

2. **損得勘定で動く**：利己主義の人は、行動の際に常に自分の得失を計算し、利益を最大化しようとする。自分に利益があるなら他人への迷惑を考えない。

3. **他人の気持ちを考えない**：利己主義者は、他人の気持ちや立場に配慮することなく行動する。自分が得することが優先されるため、他人の感情や意見が軽視される。

4. **わがまま**：利己主義の人は、自分の希望や意向を優先し、他人の意見や要望を考慮しないことがある。自分が満足することが最も重要である。

5. **他人を利用する**：利己主義の人は、自分の目的のために他人を利用することがある。人間関係を利益の道具として捉えることがある。

6. **自己愛が強い**：利己主義者は、自己愛が強く、自分のことを重要視する。他人の意見や感情に敏感でなく、自分自身の満足を追求することが中心となる。

● 利己主義が必ずしもモラルハザードに向かわない理由

リチャード・ドーキンスの『利己的な遺伝子』では、生物学的な観点から見ても利己的な遺伝子が存在すると説明されています。しかし、協力や共同生活を通じて生き延びるためには、単なる利己主義だけではなく、社会的な観点や協力の重要性も考慮する必要があることが示唆されています。つまり協力することで周囲に受け入れられ、生き延びる可能性が高くなる道を選ぶのです。

このような観点からも、利己主義を封印しモラルを守ることは、自己の利益になる合理的な行動です。

利己主義

私が大事

他人のことなど
知ったこっちゃ
ない

同一運賃なら
譲らないぞ、法律でも
あるのか?

他人なんか
信じられない

半分こで
小さい方を渡す
（知られなけ
ればOK）

他人より
得をしたい

誰かが
やるだろう
（やったら損）

なんだかんだ
言っても弱肉強食、
強いものには従順

他人から
与えられるのは
好き

知られたく
ない、
本心を隠す

4

モラルのみかた

55

4-3 ▶ 自己欺瞞

自己欺瞞は、自分の中に生まれた誤った言い訳や理由を信じ込み、自分を欺く行動です。自己欺瞞はモラルに対する最大級の違反行為であり、その影響は人間関係や組織に大きな悪影響を及ぼすことがあります。

● 自己欺瞞の影響

1. **人間関係の悪化**：自己欺瞞に陥ると、自分自身が問題の一因であるにもかかわらず、他人に非を押し付けることがある。これにより、人間関係が悪化し、信頼が失われることがある。

2. **自己正当化の連鎖**：自己欺瞞は自己正当化のループを生み出す傾向がある。間違った行動や選択を正当化し、自分の行動を正当化するための誤った言い訳を作り出すことがある。

3. **組織の健全性への悪影響**：自己欺瞞が組織内で広がると、問題の深刻さを理解せずに、組織の課題や欠陥を誤って評価する可能性がある。組織全体の健全性や成長に悪影響を及ぼすことがある。

● 自己欺瞞と組織

1. **問題の認識不足**：自己欺瞞により、問題や課題の深刻さが見過ごされることがある。組織は問題に適正に対処することが難しくなる。

2. **対立と分断**：自己欺瞞が複数の人々に広がると、それぞれが自分の意見や解釈を持つことで対立や分断が生じ、組織の一体感が失われることがある。

3. **情報の歪曲**：自己欺瞞の影響下にある人々は、情報を歪めて解釈することがある。正確な情報が共有されず、組織内でのコミュニケーションが阻害される。

組織内で自己欺瞞が蔓延すると、仕事の透明性が失われ、オープンなコミュニケーションがなくなり、問題解決をする文化が失われます。

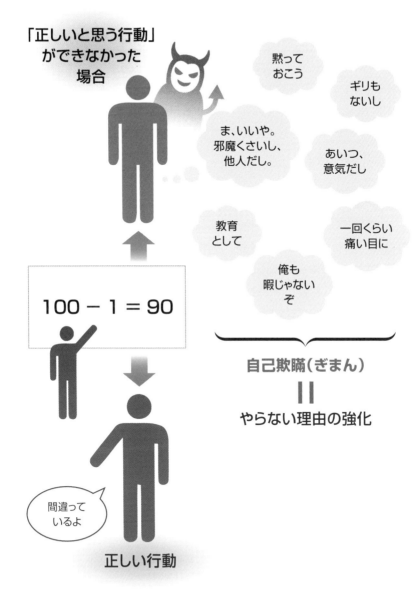

自己欺瞞

「正しいと思う行動」
ができなかった
場合

黙って
おこう

ギリも
ないし

ま、いいや。
邪魔くさいし、
他人だし。

あいつ、
意気だし

教育
として

一回くらい
痛い目に

俺も
暇じゃない
ぞ

$$100 - 1 = 90$$

自己欺瞞（ぎまん）
＝
やらない理由の強化

間違って
いるよ

正しい行動

4-4 意志薄弱

意志薄弱は、新しいことに取り組むことが苦手で、自己の意志や決断力が弱いとされる性格の特徴です。このタイプの人々は、正しいとわかっていても行動に移せず、面倒くさがり、飽きっぽく、努力を避ける、忍耐力がないなどの特徴があります。

● 意志薄弱の特徴

1. **優柔不断**：決断を下す際に迷いがちで、物事を決めるのに時間がかかることがある。選択肢を検討する過程で不安を感じ、煮え切らない態度をとる。

2. **繊細**：些細なことに過度に気を使い、細部にこだわる傾向がある。他人の評価に対して過敏に反応し、過度に心配や不安を抱えることがある。

3. **流されやすい**：周囲の人々や状況に流されて行動することが多く、自分自身の意志や価値観を失いがちである。他人の意見や期待に影響を受けやすい傾向がある。

4. **飽きっぽい**：新しいことに興味を示すが、すぐに飽きてしまう。継続的な努力ができず、意識を長時間集中させるのが苦手である。

5. **責任感のなさ**：問題や課題に対して責任を持とうとしない傾向があり、途中で諦めたり他人に責任を押し付けたりすることがある。自分の仕事と他人の仕事を割り切りたがる。自らの仕事にすることを極端に嫌い、上司や他部門の仕事と主張する。

6. **素直**：できないことを素直に認めてしまうことがある。過度な「自己主張」をせず、他人の意見や指示に従い、努力して仕事に取り組もうとしない。

7. **新しいことへの抵抗**：新しい経験や変化を避ける傾向があり、現在の快適な状態を維持しようとする傾向がある。努力や変革を嫌うことがある。

8. **打たれ弱さ**：少しの困難や障害に遭遇すると、すぐに気持ちを落とし、逃げ出すことがある。挫折感や不安を強く感じやすい。

9. **自己信頼の低さ**：自分自身に対する自信が乏しく、自分が成功できると信じない。このため、努力に対する動機づけが困難である。

意志薄弱は、技術者倫理に関わる判断を行うとき、周囲の人や状況に流されて誤った判断を行う可能性が強いモラルハザードです。

意志薄弱

無知は、知識や知恵が不足している状態を指します。知識は事実や情報に関する理解を意味し、知恵はその知識をもとに物事を判断し、適切な行動を取る能力です。私たちは生まれた時点では何の知識も知恵も持っていません。成長や学習の過程を通じて、これらを獲得し育んでいきます。

● 無知の特徴

無知にはいくつかの特徴があります。

1. **社会的なルールやマナーの理解不足**：社会における一般的なマナーやルールに関する理解が足りないことがある。他人の気持ちや行動に気づかず、無自覚に他人に迷惑をかけることがある。

2. **他人の感情や気持ちに無頓着**：自分以外の人々の感情や考えに対する興味が希薄である。自己中心的な態度を取ることがあり、利己的に見える場合がある。利己的と異なる点は、自分が得をしようとする意識がない点である。

3. **幅広い知識の不足**：一般的な知識を広く持っていないことがある。特定の分野に偏った知識しか持たないため、多角的な視点での議論や理解が難しいことがある。

4. **物事の重要性の理解不足**：物事の重要性や意義を十分に理解せず、軽視することがある。これによって適切な判断が難しくなることがある。

5. **新しい経験への抵抗**：新たな経験を積むことに興味を示さず、学ぶ意欲が低い状態である。こうなると、自己の成長や発展が妨げられる。新たな仕事を教えられても、翌日になるとすっかり忘れてしまう状態である。

● 無知の影響

無知は個人だけでなく、組織や社会全体にも影響を及ぼすことがあります。無知な人々が意思決定に関与する場合、誤った判断や行動が起こりやすくなります。組織内で無知な人々が多くなると、情報共有や協力が難しくなり、生産性や効率が低下します。

無知

うわの空

知らなかった

天然＝かわいい

気づかなかった

ほんわか

教えてもらっていないし

知らなくてもいいよ

あら、そうなの

知らなかった

これ、私の仕事ですか

教えてくれたらやったのに

自分に降りかかるとは

自分が（コロナに）かかるとは

自分がするとは

思っていませんでした

4-6 自分本位

自分本位は、無自覚に他人の考え方が自分と同じと仮定し、その前提で行動することを指します。そのため、他人の迷惑や社会のルールを無視してでも、自分の思い通りに行動する傾向があります。外から見れば自己中心的な行動と受け取られることが多いですが、当事者自身は自己中心的であるとは考えていません。

● 自分本位な行動

1. **おせっかいな行動**：助けを求めていない相手に無理に手を差し伸べる迷惑行為。
2. **独善的な態度**：自分の意見や考えを優越的で唯一の正しいものとする。これによって他人との対話や協力が難しくなることがある。
3. **思いやりの欠如**：他人の感情や状況に気づかず、その人の立場や気持ちを考慮せずに行動することがある。このため、他人に対する理解が乏しくなる。
4. **身勝手な行動**：自分の欲望や利益を優先し、他人の立場や状況を無視する。

● 自分本位の特徴

1. **他人の視点の無視**：自分本位な人々は他人の視点や意見を十分に受け入れない傾向があり、自分の考えを中心に据え、他人の視点や意見に耳を傾けることがない。
2. **共感の欠如**：他人の感情や立場への共感が乏しく、自己の立場や欲求を優先する。
3. **自己中心的な判断**：自分の利益や欲求を最優先に考え、他人への配慮が欠ける。
4. **協力やチームワークの難しさ**：他人との協力やチームワークが難しい傾向がある。自己中心的な行動が協力関係を阻害し、対立や摩擦を引き起こすことがある。
5. **短期的な視野**：自分本位な人々は、短期的な目標や欲求に焦点を当てる。

最大の特徴は、「人には厳しく、自分には甘い」ことです。他人のミスには厳しく文句を言いますが、自分のミスには言い訳をし、果てはなぜそれを自分がしなければならないかと逆切れする場合もあります。

　ただ視点を変えると、これまで述べた自分本位の特徴は、我が道を行く、折れない心、思い込んだら一途と、「成功者が共通して持つ性格」でもあります。自分本位は必ずしも欠点ではなく、使い様によっては有効な武器になります。

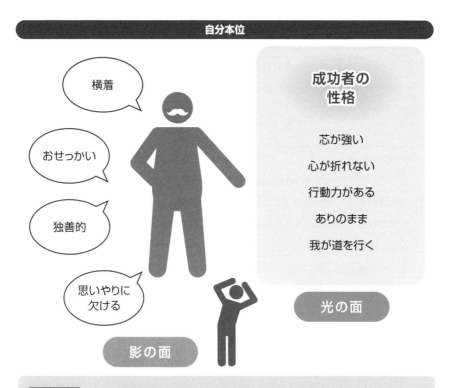

自分本位

横着

おせっかい

独善的

思いやりに
欠ける

**成功者の
性格**

芯が強い

心が折れない

行動力がある

ありのまま

我が道を行く

光の面

影の面

4

COLUMN　結果がすべてだろうか？（その1：問題提示）

　Aさん、Bさん、Cさんは、同じ工場で働く仲間です。彼らの工場では、時々製品に欠陥が発生します。欠陥が発生したときは、すぐに検査工程にメールで連絡して、入念に検査をすることが作業標準となっています。

　あるとき、欠陥が出る懸念のある操業がありました。Aさんは、それに気づき、異常情報を発信しようとします。しかし、メールは書いたものの、送信を忘れます。

　Bさんも、兆候に気づきました。即座に情報を発信します。しかし宛先が間違っており、検査工程に届きませんでした。

　Cさんは、異常情報をしっかりレポートし、検査工程に送信しました。しかし、ちょうどメールのシステムに不具合が生じていたため、情報は届きませんでした。

　3人はそれぞれ、送信失念、メール誤送信、送信不能により、結果として検査工程で欠陥検査ができませんでした。さて、倫理的に正しい行動をしたのは誰でしょうか。

4-7 狭い視野

狭い視野は、一つの側面しか考えることができない状態を指します。この状態に陥った個人や組織は、柔軟性を欠き、固定化された考え方にとらわれます。狭い視野はモラルの欠如を引き起こす大きな要因の一つです。

● 狭い視野の問題点

1. **トラブルの発生**：さまざまな側面を考慮せずに行動するため、予期せぬ問題が発生する可能性が高まる。一方的な考え方で、他人との摩擦が生じることがある。
2. **他者への傷害**：狭い視野では、他人の立場や感情に対する理解が不足し、自分の意見や欲求を押し付けることがある。これによって他人を傷つけたり排除したりする可能性がある。
3. **公益への無関心**：狭い視野では、大局的な視点が欠如し、自分の利益や欲求のみに焦点を当てる傾向がある。その結果、社会全体の利益や公益を無視することがある。

● 狭い視野の特徴

1. **自己正当化の傾向**：自分の意見や行動を正当化し、他人の意見を受け入れない。これによって自己中心的な立場を強化し、他人との対話が難しくなる。
2. **過去の経験にこだわり**：過去の経験や常識に囚われて、新しいアイデアや視点を受け入れない。これにより新しい可能性を見逃し、成長の機会を逃すことがある。
3. **自分の価値観の押し付け**：狭い視野の人々は、自分の価値観や意見を他人に押し付ける。他人の立場や意見を尊重せず、自己中心的な姿勢を示すことがある。
4. **将来への配慮不足**：狭い視野では、将来の展望や長期的な影響を考慮することが難しい。目先の利益や欲求にとらわれて、将来の展望を見失うことがある。
5. **変化への拒絶**：新しい状況やアイデアに対して拒絶反応を示すことがある。変化や新しいアプローチを受け入れる柔軟性が欠如している。

　このように狭い視野が持つ問題は個人だけでなく、組織全体にも影響を及ぼすことがあります。柔軟性や多角的な視点を持たないで物事を捉えるため、モラルハザードに陥ります。

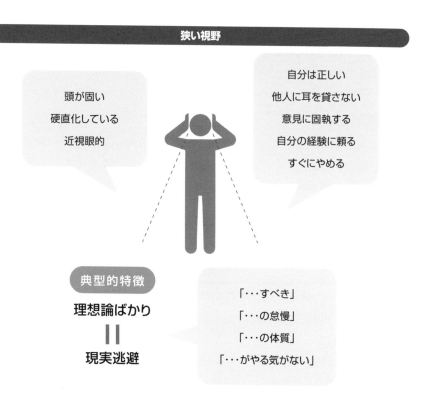

狭い視野

頭が固い
硬直化している
近視眼的

自分は正しい
他人に耳を貸さない
意見に固執する
自分の経験に頼る
すぐにやめる

典型的特徴

理想論ばかり

‖

現実逃避

「…すべき」
「…の怠慢」
「…の体質」
「…がやる気がない」

COLUMN　結果がすべてだろうか？（その2：事例背景）

　この問題は、20世紀初頭に英国で論じられた懐疑主義問題を、ものづくり向けに「品質異常情報の検査工程への伝達問題」としてアレンジしたものです。

　「メールを送る際のトラブル」は、核攻撃の中止命令にもあてはまります。行動を起こしたものの、核攻撃を中止できなかった場合、義務を果たしたことになるでしょうか。

　一般論として、私たちは、できる限りの事をした人に対しては、失敗の責任は問わない傾向があります。朝遅刻をしたとき、寝坊は責められても、台風などの災害の場合は大目に見られることが多いでしょう。しかし、結果の重大さによって、この判断が変わることがあります。品質異常材の流出は許せても、核ミサイル発射は許せないと感じます。

4-8 権威追従

権威追従は、特定の人物や組織の意向に無批判に従う行動を指します。自己の意思や判断を抑えて、他者の権威を絶対視して行動する傾向があります。最近では忖度（そんたく）としても知られるようになり、政治の世界でも問題となることがあります。

● 権威追従とは

職場などでの権威追従は、上司や先輩の指示に疑問を持たずに従う行動です。その結果、個人や組織のモラルに反する行動が起こる可能性があります。「上司や先輩がこう言ったから」という理由で行動し、公衆の幸福やモラルに欠ける行動に走ることがあります。

● 権威追従の特徴

1. **強者にへつらう傾向**：権威追従の人々は、強い立場や権威ある人物にへつらい、その意見や指示に従うことがある。逆に弱い立場の人に対しては冷淡な態度を取ることがある。

2. **自己主張の抑制**：権威追従の人々は、自分の意見や考えを抑えてしまう傾向がある。他者の意見を尊重せず、自己主張が希薄になることがある。

3. **組織や人物への異常な忠誠心**：権威追従の人々は、特定の組織や人物に異常なほど忠誠心を抱くことがある。そのため、他の組織や人物には無関心か冷淡な態度を取ることがある。

4. **標準や指標にこだわり**：権威追従の人々は、特定の標準や指標を絶対視し、それに合致するかどうかで物事を判断しようとする。柔軟性や独自の判断が欠如することがある。

5. **強者優先の価値観**：権威追従の人々は、強い人物や組織を優先し、その意向を尊重する傾向がある。結果的に、公平さや公正さを欠く行動につながることがある。

権威追従は、一時的には強者との調和を保つかのように見えますが、モラルや倫理を損ねることがあります。自己の判断力や倫理的な観点を持たずに行動することが、誤った選択をする原因になります。

結果がすべてだろうか？（その3：解説）

　事例では、AさんもBさんも、連絡の義務に対して注意が足りません。しかし、Cさんのように、正しい手順で正しいことをしたのに不都合が生じた場合は、どう考えれば良いのでしょうか。

　私たちは、最大限に誠実な行動をした結果の不都合は、不可抗力として思考停止し、棚上げしてしまう傾向があります。しかし、核ミサイル発射のような極端な例でなくても、大量の不合格や死亡事故、大規模リコールなどが起こった場合は、「誠実不問」で済ませることはできません。

　今回の思考実験にも解答はありません。事例研究や思考実験は、あるべき解答を見たからといって、その悲惨な結果は変わりません。そこから学べるのは、「これから起こるかもしれない倫理的な問題に対処する術」だけです。

4-9 集団浅慮

　集団浅慮は、集団が合議や意思決定を行う際に、危険な意思決定がされる可能性がある状態を指します。一人で考える際には適切な判断ができても、組織内での意思決定においては収拾がつかなくなり、不合理な選択がされることがあります。この状態は集団思考とも呼ばれ、適切な情報収集や判断を行わないまま、集団内の雰囲気や統制に従って決定が行われることを指します。

● 集団浅慮の特徴

　集団浅慮に陥ると、いくつかの特徴が現れます。これらの特徴によって、集団内での意思決定が誤った方向に向かう可能性が高まります。

1. **過大な自己評価とオールマイティ幻想**：集団内では、組織やグループに対する過大な自己評価や、自分たちの判断力があらゆる状況に対応できるというオールマイティ幻想が広がる。

2. **集団への自己弁護と外部への偏見**：集団内では自己弁護が行われ、集団外部への偏見が生じることがある。他の意見や視点を排除し、集団内の考えが優越的であると信じ込むことがある。

3. **組織の均一性の維持**：集団浅慮の集団は、組織内での均一性を維持しようとする。外れた意見や行動がないかを監視し、集団の結束を保つために誘導することがある。

4. **代替案の不考慮と情報の偏り**：集団内では、代替案を考慮せず、目標や対策の選択肢の危険性を無視することがある。情報の収集が不十分で、偏りのあるデータを元に判断がされることがある。

5. **事態に対する計画の不足**：集団思考の状態では、非常事態に対する十分な計画が策定されず、適切な対応ができない可能性がある。

集団浅慮（集団思考）

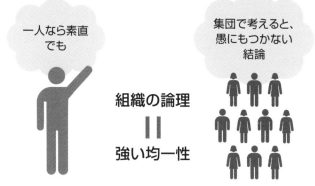

一人なら素直でも

集団で考えると、愚にもつかない結論

組織の論理
＝
強い均一性

集団浅慮の一例

「未確認の異常」対応 ………… 組織の誰も事実を確認せず、「異常情報」だけで行動を起こす。

「声の大きいもの」への追従 …… 自信ありげに自分の意見を主張する人の行動を是認する。

「正しいこと」の容認 ………… トラブルのたびに付け加えられる確認項目。膨大なチェックシート。

「集団的意思決定」への追従 … 組織の一員が提案した意見に、他のメンバーが同調。

「集団的な急変」 …………… 他組織の成功事例を見て、組織が一度に変化を求めるが深刻な逆戻りが発生する。

「目的達成のための行動」 …… 自らの健康や健全性など顧みず、ひたすら組織の目標達成を目指す。

COLUMN **倫理問題に巻き込まれる**

　Aさんが銀行のATMで1万円を引き出そうとしたところ、100万円と1万円のレシートが出てきました。ネットで口座の取引状況を調べても、確かに1万円しか引き出したことになっていません。Aさんは気づかなかったことにして、100万円をカバンにしまいました。

　Bさんは空港でスーツケースを間違われました。同型ですが新しいものです。自宅に戻ってから気づきました。中を開けると高級そうなお土産が詰まっています。空港に連絡しても届出はないとのことで、交換のしようがありません。しかたがないので、Bさんはそのスーツケースを使うことにしました。

　これらは、故意に非倫理的な行為をしたわけではなく、巻き込まれたものです。それでも犯罪になるでしょうか。思考実験に正解はありません。こんなとき、あなたならどうしますか？

● 集団浅慮の技術者倫理的な危険性

集団浅慮は、どの組織でも発生しうるモラルハザードです。これは、組織が強固な結束力を持ち、成功を重ねる一方で、過度な結束や内向きの思考が誤った意思決定を引き起こす可能性があることを示しています。集団浅慮が生じる可能性がある組織の兆候は顕著です。

1. **失敗しても継続する確信**：組織が失敗しても存続できると確信している状態。
2. **強固な『われわれ』意識**：組織内での団結力が強まり、自分たちの考えや行動が絶対に正しいと信じる状態。
3. **他責思考と内向きの態度**：問題が生じても、他者や外部の要因に責任を転嫁し、内向きに寛容な態度を取る状態。
4. **集団内での常識の重要視**：集団内での共通の常識を重要視し、外部からの意見や情報を無視することがある。
5. **情報の偏りと意思決定の盲目性**：特定の情報に偏り、代替案を考慮せずに意思決定が行われることがある。

● 強い組織が陥りがちなモラルハザードの罠

組織が強さを求め、成果を追求し、協力とチームワークを重視することは、良いことです。**強いリーダーシップ**と共有された目標は、組織を一つにまとめ、その存在感を強化する要素となります。強い組織は、周囲からの尊敬と憧れの的となります。

しかしながら、この強さが逆に、モラルの偏りや危険な状況を引き起こすこともあります。**成果至上主義**や強固なリーダーシップに固執するあまり、倫理的な視点や外部の意見が軽視されることがあります。その結果、組織内部でのハラスメントや不正行為が放置され、異常事態にも適切な対応が取られないまま見過ごされてしまう危険性が潜んでいます。

強い組織ほど自己評価が高く、自らの方法が最善だと確信しやすくなります。そのため、他からの意見や異なる方法論を受け入れることが難しくなります。こうなると、周囲との調和や変化に対する柔軟な対応力が低下します。これが、組織内で集団浅慮や集団思考が生まれ、モラルハザードに陥る可能性を高めます。

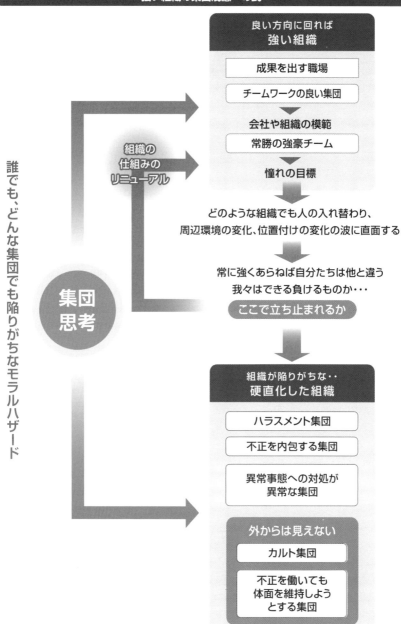

強い組織の集団浅慮への罠

良い方向に回れば
強い組織

成果を出す職場

チームワークの良い集団

会社や組織の模範

常勝の強豪チーム

憧れの目標

組織の
仕組みの
リニューアル

どのような組織でも人の入れ替わり、
周辺環境の変化、位置付けの変化の波に直面する

常に強くあらねば自分たちは他と違う
我々はできる負けるものか・・・

ここで立ち止まれるか

集団
思考

組織が陥りがちな・・
硬直化した組織

ハラスメント集団

不正を内包する集団

異常事態への対処が
異常な集団

外からは見えない

カルト集団

不正を働いても
体面を維持しよう
とする集団

誰でも、どんな集団でも陥りがちなモラルハザード

4

モラルのみかた

情報（インテリジェンス）活動

　情報は英語で**インテリジェンス**と呼ばれ、多岐にわたる知識や情報を含みます。筆者は以前、政府の情報関連の職にいた先輩から、インテリジェンスの種類についての話を聞いたことがあります。それは諜報活動であり、電子情報や新聞記事、人間からの情報を集め、国際情勢を分析するものでした。話を聞きながら、その考え方や手法が企業内での活動にも応用できるのではないかと感じました。

　情報やデータの収集手法には、さまざまな方法があります。その中には、たとえば以下の種類があります。

---

1. **オシント（OSINT*）**：新聞や雑誌、企業の公開された財務報告書、学術論文など、一般的な文書やインターネットから得られる情報。オープンになっている情報を収集し、分析することが特徴。

2. **ヒューミント（HUMINT*）**：人々と接触して得られる情報。これはスパイ活動の一形態であり、人々との接触から得られる情報や暗黙の知識を含む。これは低コストでありながら効果的な方法。技術者が自身の現場に応用することも可能。

3. **シギント（SIGINT*）**：通信や電磁波、信号などを傍受して得られる情報。これは自社の現場情報を収集するためにも適用可能。通信傍受（コミント）、電磁情報（エリント）、水中音響（アシント）などに分けられる。

4. **イミント（IMINT*）**：画像情報を指す。工場内のカメラや検査機器のデータから得られる情報が含まれる。これを活用することで、製品の健全性を判断する材料となる。

　情報収集を考える際、歴史的な経験と技術を持つ諜報活動を参考にすることは、有益なアプローチであると思われます。その知見を借りながら、情報収集に取り組むことで、効果的な意思決定につなげることができるかもしれません。

　先輩の話で一番印象的だったのは、「君ね、一番安上がりで確実な諜報活動はヒューミントだよ。設備もいらないし、必要な情報を整理して手に入れられるからね」という言葉でした。

　私たちは、現場の製造情報を手に入れようと、様々なデータ収集のための設備に投資をします。でも、そのとき感じたのは、「まず人との会話による情報収集に注力すべきなんだな。だから製造現場に出かけなければならないんだ」でした。

　映画『ミッション：インポッシブル』のトム・クルーズか、『007』のジェームズ・ボンドになった気分で、製造現場に隠された不都合な秘密を知ろうとした日々を懐かしく思い出します。「スパイ」と言っても、他企業に情報を売るのは犯罪ですが、自分の担当している製造現場の秘密を知るのは犯罪ではありませんよね。

＊OSINT：Open Source Intelligence
＊HUMINT：Human Intelligence
＊SIGINT：Signal Intelligence
＊IMINT：Imagery Intelligence

5

技術者倫理全体像

　本章では、技術者倫理の全体像に焦点を当てます。技術者に倫理感が求められる理由は、技術への影響力と責任が大きいからです。経営者や上役は「元」技術者であって、技術から遠ざかりがちですが、技術面では倫理的な選択を行う責任があります。技術者出身であることは、技術者倫理に沿って判断することが求められます。

　技術者は社会への影響や倫理的側面を考慮し、技術活用に貢献する必要があります。企業内での役割も重要であり、技術者倫理は重要性を増しています。

5-1 技術者倫理の位置付け

技術者は自身の専門知識と責任を通じて、環境や生命に対して影響を与える可能性があります。そのため、技術者倫理は特に重要視され、他の倫理を含みながらも、その責任の大きさと専門性を反映しています。社会的な役割を果たす上で欠かせない要素と言えます。

● 人としての倫理

人としての倫理は、最も基本的な倫理で、環境倫理や生命倫理などが含まれます。これは私たちが人間として持つべき価値観や道徳的な考え方です。科学や技術に対する姿勢も含まれ、人類全体の利益や安全を考える視点が求められます。

● 社会人倫理

社会人倫理は、社会人としての義務や責任を意味します。これには法律を守ることや納税、教育の義務などが含まれます。社会の一員としての行動指針を示すものであり、社会全体の秩序を保つために重要です。

● 企業倫理

企業倫理は、企業に所属する者としての行動規範を指します。業務命令や組織のルールを守ること、企業の信頼性や評判を守ることが求められます。組織内での調和や協力を促進するための倫理です。

● 技術者倫理

技術者倫理は、技術者が持つべき特別な倫理です。技術者は専門知識を持ち、その知識を活用することで社会に影響を与える立場にあります。したがって技術者は、その責任を認識し、環境や社会、倫理的な側面を考慮して技術的判断をする必要があります。技術の利用によってもたらされる影響を予測し、その利益とリスクをバランスさせることが重要です。

技術者倫理は、当然他の倫理を包括しながらも、技術者特有の専門性と大きな責任伴う倫理観が要求されています。

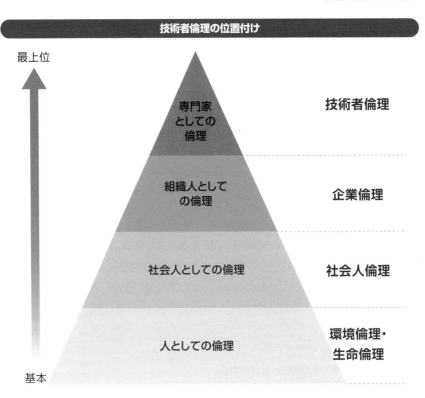

COLUMN **標準化の効果（リアル講演時の実演の紙上再現）**

　標準化されていなければ、作業は安定しません。しかし、標準化すれば、作業がうまくいくとは限りません。実例を「桃太郎の歌」で説明しましょう。

　まず、両手を前に出して、手を握ってください。そして、右手の親指は上に立て、左手の小指は下に立てます。ここから始まりです。歌に合わせて、右手の親指を閉じて小指を立て、左手の小指を閉じて親指を立てます。次にその反対。これを「も・も・た・ろ・さん」と続けて動かします。できそうですか？

　では本番です。「桃太郎さん、桃太郎さん、お腰につけたきび団子、一つ私にくださいな」。速度を倍にします。さらに増速……。

　できましたか？　できなかった？　仕方ないですね。じゃあ標準化します。文章に書き出して、図解しましょう。注意点はマーカーで印をつけます。それではもう一度、高速桃太郎の再開です。できない？　標準化しましたよ。なぜできない？　これが標準化の実態です。

5-2 ▶ 技術者の関係

ほとんどの技術者は、企業の一員として活動します。技術者は、経営者や上司と部下の中間に位置し、他の職種と同様の階層構造の中で働きます。本節では、技術者が組織の中でどのような位置付けにあるかを見てみましょう。

● 技術者の位置づけ

技術者は、「上司や経営陣」からの指示や企業方針に従って業務を遂行すると同時に、自分自身が指導・監督する立場の「部下」を持つ中間管理者です。また、技術者としての役割を通じて「外部との関係」も持ち、他の技術者との知識を共有する関係や、業務上の連携、一般の人々との製品やサービスを通じた関係があります。

個人的関係は、必ずしも社内だけでなく、同業者や学会、協会など社外の人との関係も含まれます。

● 技術者倫理の関連と人間関係

一般的に倫理的問題は、個人と他者、組織との関係の中で生じます。技術者倫理問題は、談合や不当競争防止違反など、コンプライアンスで規制されるものに限りません。

技術者が直面する倫理的な問題は、企業内の関係だけでなく、個人的な関係においても発生する可能性があります。たとえば、**情報漏洩**や**不正行為**、**不正競争行為**などは社外の人が持ちかける場合もある倫理違反行為です。相手がそのような行為を意図して近づいてくる場合も想定されます。

情報漏洩は、技術者が意識していなくても、同業者や学会、協会での私的な会話で発生する可能性もあります。話題や興味が共通していると気を許し秘密情報を漏らす場合も考えられます。

これに加えて、技術者自身だけでなく、組織内上司や部下が起こす倫理問題があります。さらには過去に組織に所属していた人が起こしていた倫理問題の発覚などは、技術者個人の倫理観とは関係なく、否応なく発生する倫理違反問題です。

技術者倫理は、こうした人間関係の中で発生する倫理違反問題に対して、具体的に実践する重要な対処方法を示します。

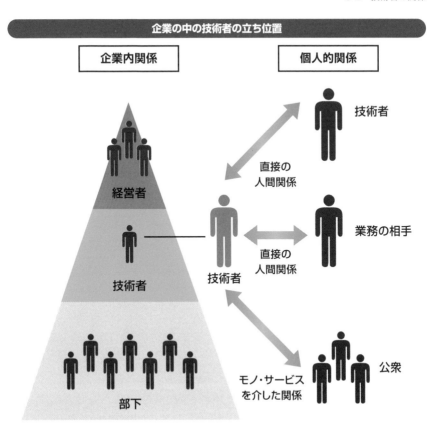

企業の中の技術者の立ち位置

企業内関係

個人的関係

技術者

直接の
人間関係

経営者

技術者

技術者

業務の相手

直接の
人間関係

部下

モノ・サービス
を介した関係

公衆

5

技術者倫理全体像

COLUMN 労働災害防止の最後の砦

　筆者のものづくりの原点は、品質管理と技術者倫理と安全管理です。筆者は、品質管理は技術者、技術者倫理は技術士、安全管理は労働安全コンサルタントをやっています。

　労働安全コンサルタントの口頭試験では、試験委員の質問は厳しいものでした。「どの企業も『標準化はやった、設備対策はやっている、安全教育もやっている』と言う。しかし、労働災害は無くならない。そんな状況で、君はどんな指導をするつもりかね」。実はこの命題は、ライン管理者をしていたときに、死亡事故一歩手前の災害を経験して以来、常に考えてきたものでした。

　筆者の答えは、「どんなに対策をとろうが、災害になるかどうかは、最後の瞬間に危ない行動をするかどうかで決まります。その瞬間に、『馬鹿野郎、危ないやないか！』との声が脳裏に響くと、作業者はひょっとしたらしないかもしれません。声が届くと信じて、最後の最後まで作業者に言い続けます」でした。

コンプライアンス

コンプライアンスに限らず、守らないと身を滅ぼすことになるものは、企業にとってその重要性は高いものです。技術者や企業は、法令遵守はもちろんのこと、倫理を守ることで、自己保護や組織の健全な発展を図る必要があります。

● 法・倫理・モラル

法は、「違反すると法律に基づいて罰せられる」強制力を持っています。倫理は、責務・禁止行為で表されます。取り決めを遵守することが倫理の遂行です。技術者倫理はこの範疇です。モラルは、原則「すべき」です。原則、モラルは組織の同調圧力により守らせるものです。

● コンプライアンス

最近使われる用語の一つに**コンプライアンス**があります。時々「法令遵守と訳すのは間違いだ」との論があったり、「もっと広い概念だ」と言われて何をすべきか混乱してしまいます。論点を読んでもわかりにくいのが実態です。

狭義では、コンプライアンスは、**アカウンタビリティ（説明責任）** と同じく、経理用語から出た用語で、文字通り**法令遵守**を意味します。しかし広義で解釈すると、コンプライアンスは、法令遵守以外に、技術者倫理、企業倫理も含んで使われます。この3つは企業外から見ても窺い知れず、企業が自らを律する必要があるものです。

一般的には、コンプライアンスは広義の解釈で使われます。ですから、技術者倫理を知らずに、「コンプライアンスを守る」ことは、かなり無防備な行為です。

● 不祥事

マスコミが取り上げる**不祥事**は、社会人倫理や人としての倫理、モラルも含みます。これらは情報の受け取り側の情に訴えるもので、「＊＊会社の役員が税金を誤魔化していた」「＊＊商事は生命倫理をないがしろにする事業に手を出した」「＊＊製造所の社員が夜中に大声で叫んで迷惑だった」のような指摘になります。個人が行った迷惑行為に対して、「企業の一員」として不祥事として取り上げられたりします。

コンプライアンスのカバー範囲の概念

コンプライアンス

「法令」遵守
法=法律=国の立法府が定める
令=命令=国の行政機関が制定する

狭義

「技術者倫理」遵守
技術者倫理=技術者として遵守すべき

「企業倫理」遵守
企業倫理=企業として遵守すべき

広義

「社会人倫理」遵守
社会人として果たすべき義務の遂行
憲法の3大義務など

「人としての倫理」の遵守
環境倫理・生命倫理など

「モラル」遵守
モラル=公衆に迷惑をかけない

マスコミで取り上げられる不祥事

5

技術者倫理全体像

COLUMN　挨拶が一番

　組織の活性化に一番効果的な行動は、大きな声の挨拶です。子供っぽいかと思われるかもしれませんが、恥ずかしがらずに大声で挨拶をすることをお勧めします。

　筆者はどの職場でも、職場の部屋に入るときには、「ご安全に！　おはようございます！」と大声で挨拶をしていました。席についている人はビクッとしますが、挨拶を返してくれます。製造現場でも同じです。人に会う度に挨拶をしました。挨拶は元気の源です。

5-4 企業倫理

> 企業倫理は、企業が担うべき責務に関連して３つの違反行為を明確に規定しています。企業倫理の遵守は法令遵守のみならず、企業としての社会的責任や信頼を守るために重要です。企業はこれらの倫理に違反することなく、社会に貢献し続けることが求められます。

● 企業の責務

企業は多くの責務を負っています。これには、ステークホルダーの満足、顧客の満足、株主への報酬、社員の幸福追求などが含まれます。さらに、ものづくり企業には以下の３つの重要な倫理的な責務があります。

● 組織的違法行為

組織的違法行為は、組織内の個人が行った違法行為に関わります。個人の違法行為が法的な問題として処理される一方で、その行為が組織に関連し、業務に影響を及ぼす場合、企業も違法行為の責任を問われます。組織的に違法行為を容認した場合、消費者から制裁を受ける可能性があります。

● 注意義務違反行為

注意義務違反行為は、生産プロセスにおいて偶発的に発生した過失に関連します。たとえば、公衆の安全や安心を脅かす商品を市場に提供した場合、企業は「注意すべき義務に違反している」とみなされます。意図的でないミスであっても、企業は市場からその責任を問われます。

● 説明義務違反行為

説明義務違反行為は、企業が提供する商品に対して適切な説明を行うことが求められます。製品やサービスの説明書、技術的な情報などを専門家でない人でも理解できる形で提供する必要があります。また、工場の周辺住人への説明は、廃棄物や環境に関する説明も欠かせません。

企業倫理

組織的違法行為

個人が起こす違法行為は、組織的違法行為である。つまり個人の行為でも企業が行ったこととみなされる。
個人は法で裁かれ、企業は消費者からの制裁で罰せられる。

個人の違法行為

注意義務違反行為

生産プロセスで、不可避的に発生した過失でも、公衆の安全・安心を脅かす商品を市場に出した場合は、企業の注意義務違反行為として制裁される。

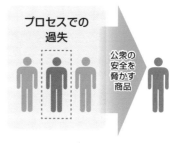

プロセスでの過失

公衆の安全を脅かす商品

説明義務違反行為

企業は製品・サービスなどの商品に対し、表示し説明書を提示しなければならない。説明は非専門家へのわかりやすい技術説明が求められる。工場の周辺住民へは廃棄物や環境対策などの説明も欠かせない。

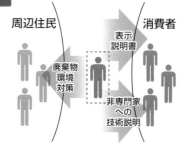

周辺住民

消費者

表示説明書

廃棄物環境対策

非専門家への技術説明

企業倫理

5

技術者倫理全体像

81

5-5 企業の中の技術者責務

企業には企業倫理とは別に、3つの社会的責任が存在します。技術者にも、3つの責務が求められます。これらの責務が技術者倫理を形成し、社会的責任や倫理を尊重する行動が求められます。技術者は、使命と倫理について理解を深めていく必要があります。

● 企業の社会的責任

1. **利益還元責任**：会社は健全な経営を通じて利益を上げ、株主への利益還元を行い、株価の維持・上昇を図る責任がある。
2. **従業員への権利保護責任**：安全で快適な職場環境を提供し、従業員の権利や福祉を守る責任がある。
3. **ステークホルダーへの社会的責任**：官公庁、取引先、顧客などの関係者に対して社会的責任を果たし、不正取引の防止や環境保護なども含めた行動が求められる。

● 技術者の責務（技術者倫理）

1. **社会の必要に応える倫理**：常に社会のニーズに応じた技術開発や改善を心がける責任がある。
2. **技術の結果に対する倫理**：自社の製品や技術が社会で使用された際に生じる問題に真摯に向き合い、責任を果たす必要がある。
3. **説明倫理**：技術を広く理解できる形で公衆に説明する責任がある。

● 企業人としての技術者の責務

技術者に対する企業倫理と技術者倫理の要求が必ずしも一致しない場合もあります。企業の利益のための不当な人員削減や**違反行為の隠蔽**、**パワーハラスメント**の横行など、昨今の**企業不祥事**は枚挙にいとまがありません。

こうした状況に陥らないためにも、技術者を含めた企業内関係者への正確な技術者倫理の理解活動が必要です。

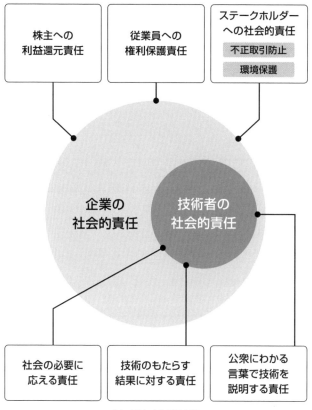

企業内技術者の責務

企 業 責 務

- 株主への利益還元責任
- 従業員への権利保護責任
- ステークホルダーへの社会的責任
  - 不正取引防止
  - 環境保護

企業の社会的責任

技術者の社会的責任

- 社会の必要に応える責任
- 技術のもたらす結果に対する責任
- 公衆にわかる言葉で技術を説明する責任

技 術 者 責 務

5
技術者倫理全体像

COLUMN 　**不祥事の金額換算**

　企業で不祥事が起こると、記者や報道陣に説明会が行われます。このとき心がけることは、説明会は一回で終わるようにし、長引かせないようにすることです。

　不祥事が起こると、記者がそれを記事にして、新聞の紙面に割り付けます。読者に与えるインパクトが大きいと判断したものは、一面記事になります。

　もし、この記事を載せた紙面の一部をお金で買ったとします。そうすると、不祥事を広告するための金額が算出できます。

技術者倫理は、7つのプロセスに関わる責務と3つの共通の責任から成り立っています。7つのプロセスはものづくりプロセスと市場・廃棄までのものの流れを網羅し、技術者の共通責務は、説明責任、守秘義務・知的財産・内部通報・内部告発で構成されます。

● 技術者倫理のプロセス

1. **研究・開発・設計**：**研究倫理**を企業内に適用する場合、大学などで重視される研究そのものへの倫理に限らない。企業活動では、製品の企画、開発、製品化を行うことも研究倫理として議論の対象になる。
2. **製造**：**製造物責任**、**製造工程責任**、**環境倫理**として、品質、安全、倫理の責任を考える。
3. **市場対応**：保守保全責任、賠償責任、**サービス責任**として、製品の運用・維持に関する倫理を検討する。

　本書では、**製造物責任**で、従来の製品そのものへの責任のほか、技術者が深く関わる作業者への安全配慮も議論しています。さらに、**製造工程責任**の章を設け、品質への責任を論じます。この中で**品質・安全・倫理の同根論**を説明します。

● 全プロセスを通した共通の責任

1. **説明責任**：技術者は、専門知識を持たない相手にもわかりやすく説明する責任を負う。リスクコミュニケーションやインフォームドコンセントについても解説する。
2. **守秘義務・知的財産**：重要な情報や知的財産を守る。
3. **内部通報・内部告発**：技術者が直面する問題を適切に報告する責任がある。さらにハラスメントに関する倫理的な行動についても解説する。

　これらの責務と共通の責任を通じて、技術者はものづくりと社会への貢献を行うための倫理を守り、自己と他者への責任を果たすことが求められます。

技術者倫理の構造

COLUMN 労働安全が技術者倫理に登場する理由

　本書では、技術者の責務に現場作業者の労働安全を含めて論じています。これは筆者の技術者としての経験からです。

　筆者が製造現場の管理者をしていたとき、自分の工場で労働者が非常に大きな災害に巻き込まれる事故が起こりました。それまで筆者が行っていた安全管理の諸対策や会話によるやり取り等をすべて無視するような、たくさんのルール違反が原因でした。以来、どうすればその作業者が被災せずに済んだのかを考える毎日です。

　被災した労働者は、救急病院で長時間にわたる緊急手術を受けました。連絡を待つだけの状態で、真夜中の静まりかえった事務所で過ごしたあの夜は、筆者が技術者の安全責任を考え始める原点となっています。

5-7 技術の現場

技術者の仕事は多岐にわたり、企画や研究、開発などさまざまな段階で行われます。技術の現場とは、実際のものづくりにおけるさまざまな場面を想定します。実際の技術の現場には、忘れてはならない技術者の責務が存在します。

● 技術者倫理には現場イメージが必要

技術者は、技術の現場を意識することで、技術者倫理を「もの」や「結果」だけを対象とする近視眼的な思い込みから脱却することができるかもしれません。

● 技術の現場の種類

1. **企画の現場**：前例にとらわれず、道を誤らず、新たなアプローチを考える責任がある。
2. **研究の現場**：ニーズと解決策をマッチさせる努力や発想の転換が必要。
3. **開発の現場**：製品の安全検証や具体的なイメージを確立し、**本質安全**を考慮する責任がある。
4. **設計の現場**：安全な製品設計や製造時の安全を考慮する責務が存在する。
5. **製造の現場**：安全な製造や効率的な改善、**作業者の安全確保**などが求められる。
6. **輸送・貯蔵の現場**：物流プロセスにおける、**環境倫理**や製品の安全を考慮する。
7. **販売の現場**：製品の市場責任を担い、適切な情報提供や顧客満足を追求する責務がある。営業や販売店だけでなく技術者にとって重要な現場である。
8. **保守・点検の現場**：製品運用や安全性の維持を通じ、市場への責任を果たす。
9. **廃棄の現場**：廃棄物の適切な処理や環境配慮が必要で、環境倫理が関わる。

● 技術の現場と技術者倫理の関係

技術者倫理は、技術の現場ごとに異なる責務を割り当てます。企画・研究・開発の現場では、研究倫理としてニーズや解決策のマッチングが重要です。設計・製造・輸送・貯蔵の現場では、製造物責任や製造工程責任、環境倫理を考慮します。販売・保守・点検・廃棄の現場では、市場責任や環境倫理に焦点を当てます。

技術の現場

企画の現場

道を誤らない
前例なきを恐れない
競争相手を凌駕する

設計の現場

安全な製品設計
安全な製造指示
効率的な生産設計

販売の現場

安心な販売
適切な情報提供
情報収集・管理

研究の現場

ニーズ・シーズマッチング
魔の川を渡る努力
発想の転換

製造の現場

安全な製品製造
安全な製造作業
効率的な製造・改善・改良

保守・点検の現場

適切なサービス
異常時の適切な処理
異常情報の収集・管理

開発の現場

製品の安全検証
死の谷を渡る勇気
製品イメージ確立

輸送・貯蔵の現場

安全・安心な輸送
安全・安心な貯蔵
適切な在庫管理

廃棄の現場

適切な廃棄管理
汚染に配慮
情報の収集・管理

5
技術者倫理全体像

COLUMN 技術者倫理演習問題

　本書でもいくつか紹介していますが、技術者倫理の演習としては、米国のPE協会が作成したギルベイン・ゴールドの問題が有名です。

　日本では、日本技術士会の倫理委員会が国内のさまざまな倫理的不祥事を参考にして作った、創作事例教材が公開されています。

　本書で技術者倫理の概要をつかんだら、ぜひ創作事例に挑戦することをお勧めします。

COLUMN　伝統と伝承（守破離の心）

　伝統を大切にする人々にとって、**守破離**という教えは忘れてはならないものです。この教えは武道や芸術だけでなく、学問や経営、技術、ものづくりのすべてに通じるものです。私たちが成長し発展するためには、ただ受け継ぐだけではなく、進化していくことが大切なのです。

守破離の心

　「守」は、師や伝統の教えを大切に守りつつ、それにとらわれず努力し、自身の技術や知識を深めていきます。「破」は、既存の枠組みを超えて新しいアイデアや技術を取り入れ、自分の成長を追求します。「離」は、新しい世界を模索し、伝統や固定観念から自由になり、独自のアプローチを生み出します。

杜氏の話

　ある酒蔵の杜氏との対話で、興味深いことを学びました。杜氏はこう語りました。
　「**伝承**とはただ昔のやり方を繰り返すのではなく、時代に合わせて新しいアイデアや技術を取り入れ、進化し続けることが大切です。それこそが伝統を守ることであり、進化させることでもあるのです。進化を忘れた伝承は廃れるだけです」
　この言葉には守破離の心が込められているように感じました。

日本のものづくりの精神

　日本のものづくりは、西洋の「労働力としての奴隷制度」に基づく**標準化思想**とは異なる進化を遂げてきました。日本のものづくりは、単にものを作るだけでなく、その「こだわり」と技術の向上によって成り立っています。日本の独自の精神である「道」を極める思想が守破離の原点であり、その実践が私たちの技術の礎となってきました。

　これまでは、これらの技術は、秘伝書に記された貴重な知識として受け継がれてきました。明治時代以降、日本は西洋の影響を受けて「標準化」を受け入れつつも、伝統的なものづくりの哲学を持ち続けてきました。守破離の精神は、伝統と新しい価値観との融合を通じて、日本のものづくりに息づいています。

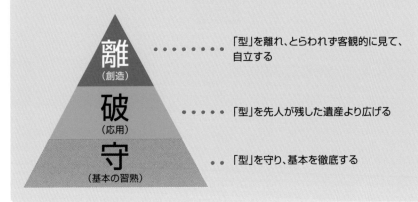

離（創造）　・・・・・・・・「型」を離れ、とらわれず客観的に見て、自立する

破（応用）　・・・・・「型」を先人が残した遺産より広げる

守（基本の習熟）　・・「型」を守り、基本を徹底する

第 **6** 章

研究倫理
（知識の世界での倫理）

　研究倫理は技術者倫理の中でも特異な性格を持っています。技術者はものづくりや製品開発の中で具体的な「製品」に関わります。一方、研究をする技術者である研究者に要求される研究倫理は、まだ実現されていない技術や知識を形にする作業に適用されます。

6-1 研究倫理

技術者倫理は10の項目で構成されていますが、その中でも研究倫理は独特な性質を持っています。ものづくり技術者としての倫理という枠組みの中で、研究の世界における倫理を考えることが必要です。

● 技術者倫理の「十戒」

法と倫理は文章で書き下せます。技術者倫理は10項目あるため、本書ではシナイ山でモーゼが授かった「**十戒**」になぞらえて、2枚の石板に刻んで解説をしていきます。

● 研究倫理の特異性

研究倫理は、技術者倫理の中でも特異な性質を持っています。他の9つの倫理項目は、すでに設計図のある物理的な製品や成果物を形にしていく作業に関連することが多く、「なすべきようにする」と具体的な状況が想像しやすい項目です。

しかし、研究倫理はアイデアや知見、思考といった知的活動を扱うため、「具体的な形」が見えづらい活動に対する倫理規定になります。このため、研究倫理においては、従来は他の9項目とは異なる「してはいけない」という観点で語られてきました。しかし、この考え方では研究倫理は、禁制事項ばかりになります。

本章では、禁制事項を踏まえながらも、なぜ「研究倫理違反」が起こるのか、「倫理的な誘惑や悩み」についての考え方を整理して提示します。

● 研究者の役割

研究者とは、新たな知識を発見しようと努力する人々のことです。技術者の中にも研究技術者、応用技術者、現場技術者、管理職技術者など、さまざまな役割が存在します。研究者にも基礎研究者、応用研究者、管理職などがいます。

研究者が注目を浴びることは、ノーベル賞受賞などの成功だけでなく、「研究の不正行為」が明るみに出た際もあります。

不正行為は他の分野でも見られるものですが、研究者について話題になるのは、研究者に対する「高い理想」への期待が背後にあるためかもしれません。

石板に刻まれる技術者倫理の１番、研究倫理

I
研究倫理

II
製造物責任

III
製造工程責任

IV
環境倫理

V
保守保全責任

VI
賠償責任

VII
サービス責任

VIII
説明責任

IX
守秘義務・知的財産

X
内部通報・内部告発

企画者

研究者

開発者

研究管理者

研究倫理の実践が必要な人々

研究の舞台
（多様な現場での研究倫理）

研究倫理に関する議論は、大部分が「研究の現場」に焦点を当てています。主に大学や研究機関における倫理的行動についての話題になります。捏造や盗用、研究補助金の不適切な使用など、禁止されるべき行為についての指針が多く示されています。

● 研究の舞台

　大学での研究は典型的な「研究の現場」ですが、実際には企業内の「企画の現場」や「開発の現場」は研究倫理と密接に関わり合っています。

● 企画の現場

　企業内の**企画の現場**では、未知の技術や市場の動向を踏まえて、新たな製品のアイデアを生み出します。この場面では、既存の枠組みや常識にとらわれず、競合他社を超越するような勇気を持って行動することが求められます。

● 研究の現場

　研究の現場は、ニーズとアイデアのマッチングを行う場です。アイデアを現実の製品に昇華させるためには、既存の枠にとらわれない、大胆な思考転換が要求されます。

● 開発の現場

　企業内の**開発の現場**は、アイデアを具体的な製品に形作る場所です。ここでは製品の安全性を確認し、困難を克服する勇気が必要です。開発現場は、製品を世に出す一連の仕事の中で最も重要な現場です。

　優れた製品アイデアでも、「生産性が悪い」とか「手間がかかる」とか「収益性が悪い」という些細な理由で世に出ず、消えて行く幻の製品があります。一方、開発現場での検討が疎かになると、製造開始してから、クレームや生産の非効率性などに悩まされることになります。

　開発の段階で製品のイメージを明確にすることが重要です。開発現場での技術者倫理は、研究倫理だけでなく、製造物責任や製造工程責任の一部が要求されます。

研究の舞台：企画の現場、研究の現場、開発の現場

企画の現場

道を誤らない
前例なきを恐れない
競争相手を凌駕する

研究の現場

ニーズ・シーズマッチング
魔の川を渡る努力
発想の転換

開発の現場

製品の安全検証
死の谷を渡る勇気
製品イメージ確立

大学研究

企業の研究・開発

生命倫理 ?

人工知能倫理 ?

環境倫理 ?

兵器関連 ?

社会倫理 ?

原子力関連 ?

人道倫理 ?

6
研究倫理（知識の世界での倫理）

COLUMN **デザインと技術者倫理**

　「デザイン」の語源は「デ・サイン」で、すなわち頭の中にあるイメージを外に出すことです。最近はデジタル化が大流行で、ウエブ上に展開されたデザイン、つまり生まれたての情報は、またたく間に模倣され、複製され、増幅されて拡散します。

　技術者倫理の項目の一つに知的財産がありますが、情報をウェブに載せると、その瞬間から公共のものとなり、人類共通の知的財産になります。さらに、生成AIなどで知識体系に瞬時に組み入れられ、公知になります。

　でも、知的財産とは、本来こういうものなのかもしれません。

6-3 魔の川・死の谷・ダーウィンの海

技術経営MOT* の観点から生まれた概念である「魔の川」「死の谷」「ダーウィンの海」は、企業の技術開発段階の表現にも使えます。これは研究、開発、事業化、産業化の4つの段階に分け、それぞれの困難を障壁に例えました。

● 魔の川

魔の川は、研究段階と開発段階を分ける障壁を指します。研究開発には、基礎技術の研究成果を元に、市場のニーズとのマッチングが求められます。これには時代背景や事業環境、市場のタイミングなどが影響します。研究だけではなく、市場で受け入れられる見通しが立たなければ製品化は難しいのは当然です。

この段階での難しさや試練を「魔の川」とたとえています。新製品が開発段階で挫折し、市場に出せないまま消えてしまう例は少なくありません。技術革新が早い分野では、迅速な行動が必要で、時間がかかると市場に製品を出すチャンスを逃します。

● 死の谷

死の谷は、開発段階と製品化・事業化段階を分ける断崖を指します。製品を世に出すためには、優れた製品を作るだけではなく、人材やリソース、財政など多くの要因を考慮しなければなりません。製品の完成度が高くても、そのまま市場に投入できるわけではありません。製品化には生産工程や流通ルートの準備が必要です。事業化にはさらに多くの資金やリソースの投入が必要で、成功への挑戦が続きます。

● ダーウィンの海

ダーウィンの海は、市場に投入された新製品や新サービスが、既存の製品や競合他社との競争を勝ち抜いていく「生存競争」を表現しています。

市場に投入された製品は、顧客の厳しい評価や他社の追随に直面します。革新的で優れた製品は成功の可能性が高いため、他社の挑戦や模倣も激しさを増します。市場での成功は、生き残りをかけた過酷な戦いが待っていることを意味します。

＊ **MOT**：Management of Technology

新製品の挑戦：魔の川、死の谷、ダーウィンの海

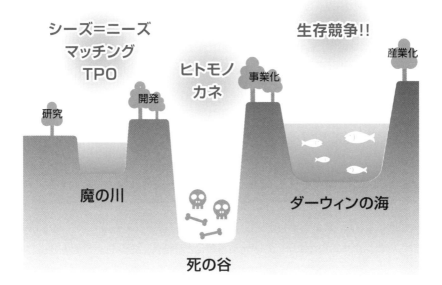

COLUMN　**ファーストフード店での倫理問題**

　筆者の体験です。日曜日の朝、夫婦で公園を散歩した後、ハンバーガー店に行ったときのことです。レジの女性に「朝マックを2個」と注文したのですが、気が変わり、「朝マック1個とコーヒー」と言い直して、料金を払いました。レジは割と混んでいて、レジの女性も慣れていない様子でした。

　用意されたトレイを何気なく持って席に戻りました。しばらくして、「あれ？　なんでマフィンを食べてるの？」「ほんとだ。1個しかないはずの朝マックが2個ある」。レシートは朝マック1個になっています。

　悩んだ末に私たちが出した結論は、「返しに行かない」でした。返しに行っても捨てられるだけですし、レジの女性はチーフに怒られるでしょう。間違いを知ってしまった以上、奥さんはもう食べないといいます。でも捨てるのはもったいないので、筆者の胃袋で証拠隠滅を図りました。どうすればよかったのでしょうか。今でも自問しています。

6-4 企画の現場での研究倫理

通常、企画の現場での研究倫理問題はあまり注目されません。企画の現場における倫理は「適切な道を選ぶ」「新たなアプローチに恐れずに取り組む」「競争相手を凌駕する」という原則に従うべきです。ただし、これらの原則を実践することは容易ではありません。

● 企画の現場における研究倫理

企画の現場では、確証や保証のない状況で新しい製品やサービスを提案する必要があります。成功の確証もなく、競合他社も同じように必死に提案しています。

企画の現場では、企画者はさまざまなプレッシャーに直面します。市場競争はますます激しくなり、競争相手も変化しています。商品サイクルも短くなり、企画要員も限られています。経営陣からの圧力も存在し、消費者の好みも急速に多様化しています。過去の成功パターンが通用しなくなることも多いでしょう。

こうした状況は、企画段階で倫理的な問題が生じる可能性を高めます。プレッシャーに屈して、モラルに反する行動に走ることがあるかもしれません。その結果、他企業の機密情報の不正利用、情報漏洩、模倣、知的財産の違法行為や侵害、不正競争、模倣商品の提案などが生じる可能性があります。

● 企画の現場の責任

新商品の企画は経営陣の判断によって承認され、その後、研究・開発部門に引き継がれ、最終的には事業化されて産業化の過程に入ります。「魔の川」や「死の谷」を乗り越え、最終的には「ダーウィンの海」で生存競争が繰り広げられます。開発過程にはさまざまな困難が伴います。新商品がついに市場に投入されても、競争の激化によって失敗する可能性もあります。

研究や開発に多くのリソースを費やした後、製品化の段階で失敗する場合、その責任は企画に関わった人々に帰属します。新商品が失敗する場合、「運が悪かった」や「予想が外れた」などの言い訳は通用しません。企画の段階で関わった者には、その結果に対する**無限の責任**が課せられていると言えます。

企画者は成功や失敗にかかわらず、技術者としての倫理的責任を負います。

企画の現場での研究倫理

企業秘密搾取・
企業情報漏洩
模倣・知財違法取得・知財侵害
搾取・コピー商品など

ギャップ

企画の現場
道を誤らない
前例なきを恐れない
競争相手を凌駕する

モラル問題

①利己主義
②自己欺瞞
③意志薄弱
④無　　知
⑤自分本位
⑥狭い視野
⑦権威追従
⑧集団思考

課題の環境

市場競争の激化

競争相手の変化

商品サイクルの短時間化

企画要員の変化

経営からの圧力

消費者の嗜好の多様化

6

研究倫理（知識の世界での倫理）

シーズ＝ニーズ
マッチング
TPO

研究　開発

ヒトモノ
カネ

生存競争!!

事業化

産業化

魔の川　　　　ダーウィンの海

死の谷

企画の責任

魔の川・死の谷・ダーウィンの海 に導くハーメルンの笛

▶研究・開発は、経営判断レベルで、新商品や新サービスが企画され、研究・開発部門に渡されます。

▶開発に困難はつきものですが、それを進める道筋を誤れば、とんでもない急流、急峻、レッドオーシャンが待っている可能性があります。

▶貴重な企業資源（ヒト、モノ、カネ、時間）を注ぎ込む製品の企画は、「知らなかった」「予想外」などという言い訳で、企業を死地に追い込む可能性があります。

企画に携わった者は、 製品の成否に関わらず、 倫理的に無限責任があります。

6-5 研究の現場の責任

研究の現場では、相互チェックや上司のチェックが入りにくいため、不祥事が起こりがちです。研究ノートの記録などを活用した研究の透明性が求められます。研究の現場には、ニーズ・シーズのマッチング、魔の川を渡る努力、発想の転換などが求められます。

● 研究の現場のモラルハザードリスク

研究の現場で不正が起こる原因は、**モラルハザード**によります。その結果、論文では捏造、盗用、改ざんが起こり、製品では知財侵害、アイデアの無断使用、模倣、先行事例追従などの倫理問題な事態が発生します。モラルの遵守をいくら訴えても、モラルハザードは起こるときには起こります。

研究課題の背景にある「シーズ技術の探索とマッチング」で、時間的制約・経営資源制約、企画要員の変化、経営からの圧力などが研究者を追い詰め、モラル遵守の一線を越えさせる可能性があるからです。

● 魔の川の渡り方

研究の現場での課題は、**魔の川**の渡り方です。魔の川とは、研究・開発事業が基礎研究から製品化を目指した開発に進めるかどうかの関門です。企業での研究は、製品化ができないと、基礎研究や応用研究に費やした費用が水泡となります。企業での研究は、最終的には**製品化を通した収益**に結びつかなければなりません。

企業の研究の現場では、このようなプレッシャーが常にあります。企業の研究は、必ずしも研究者たちが自分で選んだテーマではありません。製品の企画で決定した新製品という「ニーズ」が与えられ、マッチするシーズ技術を提供する作業になります。

自分たちの知見内で**シーズ技術**があれば問題ありません。しかし、シーズ技術が無い場合、最初からシーズ技術を作り上げて行く時間的余裕はありません。どうしても同業者や先行者の知見を参考にしがちです。これらは利用に注意が必要なシーズ技術であり、知的財産権を犯して研究倫理違反になるモラルハザードが発生する可能性があります。

研究の現場での研究倫理

【論文など】捏造・盗用・改ざん
【製品など】知財侵害・
アイデア無断使用・模倣・
先行事例追従

ギャップ

研究の現場
ニーズ・シーズマッチング
魔の川を渡る努力
発想の転換

モラル問題
①利己主義
②自己欺瞞
③意志薄弱
④無　　知
⑤自分本位
⑥狭い視野
⑦権威追従
⑧集団思考

課題の環境
シーズ技術の探索
とマッチング

時間制約・経営
資源制約

企画要員の変化

経営からの圧力

6

研究倫理（知識の世界での倫理）

魔の川

▶研究・開発事業が、基礎研究から製品化を目指した開発へ進めるかの関門です。

▶製品化ができないと、基礎研究や応用研究に費やした費用が水泡に帰します。

▶企業での研究は、最終的には製品を通した収益に結びつかなければなりません。

シーズ＝ニーズ
マッチング
TPO

ヒトモノ
カネ

生存競争!!

研究　開発　事業化　産業化

魔の川　　死の谷　　ダーウィンの海

ニーズ＝企画からのテーマ設定、マッチング＝自らのシーズ技術と合致

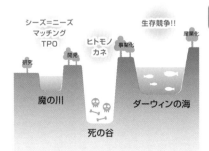

製品企画で
決定した
新製品

新たなニーズ

自分たちの知見 — 利用可能な
シーズ技術

同業者・先行者の知見 — 利用に注意
が必要な
シーズ技術

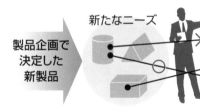

6-6 開発の現場における研究責任

開発の現場において求められることは、研究段階でマッチングさせた技術を具体的な新製品として形に仕上げていく粘り強い作業です。これはつまり、死の谷を渡る勇気が必要です。

● 開発の現場

開発の現場では、製造を始める準備を進めながら、新製品の最終的な仕上げを行います。仕上げには製品の安全性の検証、市場投入後のメンテナンスのしやすさの検証、耐久性の確認、環境に対する耐性などが含まれます。

開発チームは、新製品が市場競争において生き残るために必要な改善を行いながら、製品の完成度を高めていきます。

● 死の谷の渡り方

「死の谷」は、製品開発から実際の製品販売やサービス提供までの間の困難な段階を指します。製品開発には、生産、流通、調達などに大量の資金が必要とされ、失敗した場合のリスクも大きいです。

● 開発の現場のモラルハザード

開発の現場は常に市場競争の激化や商品サイクルの短期化といったプレッシャーにさらされています。さらに、企画チームの構成が変わることや、市場のニーズの変化も考慮しなければなりません。

開発の現場では、新製品化への経営陣からのプレッシャーも非常に強く、そのためにモラルハザードによる研究倫理の違反が発生する可能性があります。

ライバル企業の秘密の搾取、企業機密情報の漏洩、模倣、知的財産権の侵害、コピー商品の製造など、数々の倫理的な問題が発生する可能性があります。ライバル企業の製品を購入し解析するなど、情報収集活動が行われることもあるため、開発の現場の研究者たちは確固たる倫理観で、模倣や盗用の誘惑に抗う必要があります。

開発の現場における研究倫理

企業秘密搾取・企業情報漏洩
模倣・知財違法取得・知財侵害
搾取・コピー商品など

ギャップ

開発の現場
製品の安全検証
死の谷を渡る勇気
製品イメージ確立

モラル問題
①利己主義
②自己欺瞞
③意志薄弱
④無　　知
⑤自分本位
⑥狭い視野
⑦権威追従
⑧集団思考

課題の環境
市場競争の激化
商品サイクルの短時間化
企画要員の変化
経営からの圧力

6
研究倫理（知識の世界での倫理）

COLUMN　順調が最も危険な時

　連続無災害記録が続く時、連続して操業成績が上がる時、ぶっちぎりで優勝する時——。この瞬間が、最も転落の危険が迫っている時です。

　災害が起こらない時、災害寸前の出来事は「順調」の報告で無視されます。操業成績が向上している時、改善項目や悪化項目はかき消され、悪化防止への着手が遅れます。優勝した時、危機一髪のプレーの反省は忘れられます。

　調子の良い時こそ、危険に備えるべきです。「勝って兜の緒をしめよ」です。

6-7 研究者の倫理と行動規範

研究倫理に関わる主要な人々は研究者です。大学などの研究者に焦点を当て、研究者が遵守すべき行動規範について考えてみましょう。

● 研究者の行動規範

研究者の**行動規範**には、以下のような価値観が含まれます：

1. **共有性**：研究者は得た知識や情報を公衆の幸福のために共有し、人類全体の財産と認識するべきである。研究結果は論文などを通じて広くアクセス可能であるべきである。
2. **普遍主義**：科学の貢献は人種、国籍、宗教によって差別されず、普遍的な価値を持つべきである。科学の進歩は個人や国の優越性によって制約されるべきではない。
3. **利害の超越**：研究者は利害や個人の欲求にとらわれず、無私無欲な姿勢で研究に取り組むべきである。科学の進歩と真実の追究が最優先であるべきである。
4. **独創性**：研究者は新たなアイデアや知見を追求し、独自の視点で問題に取り組むべきである。創造性のあるアプローチが科学の進歩を促進する。
5. **懐疑主義**：研究者は他人の意見や発見に対して懐疑的な立場を持ち、客観的な検証を行うべきである。科学的な進展は疑問を投げかけることから始まることもある。

● 研究者の現実

一方で、実際の研究者は、研究資金の獲得や名声の追求、組織の期待などに追われます。これによって、行動規範と現実のギャップが生まれる危険性があります。

● 研究者の不正行為の誘惑

これらのプレッシャーにより、一部の研究者は不正行為に誘惑される可能性があります。研究の業績を上げるために、**捏造や盗用**、**改ざん**、**不要な著者**の追加、**論文の二重投稿**、小さな研究成果を分割して発表する**サラミ出版**などの不正行為が発生することがあります。

研究者の倫理と行動規範

行動規範

共有性	公衆の幸福のために、知り得た知識や情報は人類共通の財産である
普遍主義	科学への貢献は、国や人種、宗教で差別してはいけない
利害の超越	科学者、研究者は無私無欲でなければならない

| 独創性 | 懐疑主義 |

現実

研究者

| 研究資金 | 役職資格 |
| 名義借り | 組織の論理 |

業績

不正行為の誘惑

捏造	存在しない試験結果や観測結果を、事実であるかのような発表を行う行為
盗用	他人の研究成果を無断で自分の成果として公表する行為
改ざん	データや事実を自らの主張に合うように根拠なく修正し整合性をとる行為

| 不要な著者 | 二重投稿 |

6-8 行動規範の変遷と研究者の現実

研究者の行動規範は時代と共に変遷してきました。1940年代に提唱された米国のマートンの行動規範は、その当時の価値観に基づいており、現代の視点から見ると時代錯誤に思える論点もたくさんあります。

● 新たな規範の提案

研究者は労働者であり、現実的な欲求や上下関係が存在します。知識の共有は特許や論文として行われ、個人の業績として公開されるべきです。企業内研究は秘密です。

1990年代には物理学者ザイマンが、より現代に合った行動規範を提案しました。彼は**知識の所有権**を主張し、科学知見を必ずしも公開する必要はないとしました。

また、研究課題においても局所的な技術問題に焦点を当てるべきであり、国家や人類全体の利益を考慮する必要はないと述べました。

● 研究者の実際と経験

研究者の行動規範と現実との間にギャップがあります。研究者は研究資金の獲得や名声の追求、組織の期待などに応じながら研究を進める必要があります。

ここからは、筆者の実体験です。筆者の大学院の修士論文の指導教官は、教授よりも年長の万年助手の先生でした。この助手は、古い**マートンの研究規範**の信奉者で、規範通りの生き方をされていました。助手の研究室には蔵書が天井まで山積みされており、研究テーマは当時最先端の量子化学の分子軌道法を用いた吸着研究をされていて、海外での評価が高い先生でした。ただ、大学という組織の中では昇進しません。助手の生き方は尊敬しましたが、筆者は大学の研究者の道に入らず、企業に就職するという現実的な選択をしました。後に教授から、「君はやけにあっさりと就職したね」と言われ、「助手先生と同じ生き方では食っていけない」と答えました。理想や理念じゃ生活できないという単純な理由でした。

筆者の経験からもわかるように、行動規範は理想的な姿勢を示すものである一方、現実的な制約も存在します。研究者はその選択肢や価値観に基づいて、理念や理想だけではなく、生計を立てる現実も考慮に入れる必要があります。

行動規範の変遷と研究者の現実

1940年代の規範
（米国マートン）

共有性	公衆の幸福のために、知り得た知識や情報は人類共通の財産である
普遍主義	科学への貢献は、国や人種、宗教で差別してはいけない
利害の超越	科学者、研究者は無私無欲でなければならない
独創性	独創性が、科学に進歩や新規をもたらす
懐疑主義	まずは疑うことから始める

どう思いますか? 有り得ないほど時代錯誤?

研究者も労働者であり、欲望も上下関係もあるのでは。知識は特許や論文になるので公開するのでは。ましてや企業内の研究など守秘の固まり。他人の論文を疑ったら仕事にならないし、そんなことで摩擦を作っても恨みを買うだけ。

1990年代の規範
（物理学者ザイマン）

所有的	得られた科学知見は必ずしも公開を必要としない
局所的	研究者は、局所的な技術問題に焦点を絞った研究を行う
権威主義的	研究者は、個人ではなく管理の下で行動する
請負的	研究者は、委託された研究を行う
専門的	研究者は、専門的問題解決者として雇われる

6
研究倫理（知識の世界での倫理）

6-9 研究不正行為とその背景

新しい行動規範が提案される一方で、研究倫理に関わる不正行為への誘惑は根絶されないままです。この背景にはさまざまな推定要因が考えられますが、一般的な議論を紹介します。

● 背景の想定

まず、不正行為が起こる最大の要因は、世間にインパクトを与える仮説や成果を求める欲求が挙げられます。この傾向は、研究が局所的で管理的になるにつれて強くなります。「2004年の旧石器の発見捏造」や「2014年のSTAP細胞事件」など、新聞を賑わせた不祥事では、生データの記録不備や研究の個人主導、組織としての未然防止が効かなかったためとされています。

また研究不正の多くは、研究費や予算の運用に関連しており、限られた予算内で成果を出すために不正行為が行われるケースがあります。

● 研究不正行為への誘惑

研究倫理は、具体的な製品のイメージが希薄な分野での倫理であり、研究の仕事は知恵やアイデアに対して働きかけます。そういう中、論文作成時にはデータの捏造や盗用、改ざんといった**不正行為**が誘惑として存在します。

不要な著者を論文に含める問題や**二重投稿**なども不正行為の一環です。また、研究者の個人的な動機や権威追従、集団思考、主観的な判断などが不正行為を引き起こす可能性があります。

不正行為は「バレなければ大丈夫」「自分が気づかなければ問題ない」といった利己的、自己欺瞞などのモラルハザードに基づいて発生している可能性があります。不正防止のためには、モラルについての正確な知識を持ち、定期的に個人と組織のモラル点検を行うことが有効です。

研究不正行為とその背景

1990年代の規範

所有的	得られた科学知見は必ずしも公開を必要としない
局所的	研究者は、局所的な技術問題に焦点を絞った研究を行う
権威主義的	研究者は、個人ではなく管理の下で行動する
請負的	研究者は、委託された研究を行う
専門的	研究者は、専門的問題解決者として雇われる

6

研究倫理（知識の世界での倫理）

世間にインパクトを与える仮説と成果の希求

限られた研究予算の中で、仮説を裏付ける実験結果を得る欲求

研究費が獲得できる成果を出し続けるプレッシャの存在

不正行為の誘惑

捏造	存在しない試験結果や観測結果を、事実であるかのような発表をする行為
盗用	他人の研究成果を無断で自分の成果として公表する行為
改ざん	データや事実を自らの主張に合うように根拠なく修正し整合性をとる行為
不要な著者	二重投稿

6-10 研究倫理における不都合な事例

論文作成過程で発生する研究倫理違反の一部を挙げてみましょう。これには捏造、改ざん、盗用、不要な著者、二重投稿、サラミ出版などが含まれます。さらに、研究妨害やアイデアの盗用、研究費の目的外使用も問題とされることがあります。

● 研究の不正行為の影響

研究での不正行為は、研究の品質や透明性、信頼性に深刻な影響を及ぼすため、研究者の違反発見時には研究者人生が終わるほど厳しい処置が待っています

● 捏造・改ざん・盗用

捏造は、実験事実ではないデータや情報を意図的に創作し、それを研究結果として提示する行為です。研究者が実際には行っていない実験結果や観察結果をでっち上げ、虚偽の情報を提供することになり、研究全体の信頼性を損ねる行為です。

改ざんは、得られたデータや情報を加工したり書き換えたりして、結果を操作する行為です。これにより実際とは異なる結果を示すことが可能で、研究の正確性を崩します。他の研究者や専門家が、同じデータを元にした判断を誤る可能性を高めます。

盗用は、他人の論文や研究成果を無断で使用する行為を指します。他の研究者のアイデアや表現をそのまま使用する**直接の盗用**や、他の論文の内容を一部変えて自分のものとして提出する**改変盗用**などがあります。

これらの違反行為は、他人の知的所有権を侵害するもので、厳しく取り締まられます。

● 不要な著者・二重投稿・サラミ出版

不要な著者は、論文に寄与していない人を著者として含める行為です。「オーサーシップ（著者）」は貢献度を考慮し、公平な取り決めが求められます。**二重投稿**は、同じ論文を複数の学会などに提出する行為を指します。**サラミ出版**は、内容を分割して複数論文として投稿し、論文数を増やす行為です。

これらの行為は学術の公正さや信頼性を損ない、不必要に査読負荷をかけるものであり、倫理違反とされます。

研究倫理における不都合な事例

捏造

削除

改ざん

書き換え

盗用

研究データに
無断利用

他人の論文

自らの論文に
改変盗用

不要な著者

助言者。技術協力者。データ採取者。研究チームの管理者。
貢献しない人（?!）は除外。定義が品格の問題（モラル）になっている。

二重投稿

投稿者の主観的な判断ミス、
不注意で発生する場合もある

サラミ出版

一つの論文で済むものを
分割して論文数増加

6-11 悩ましい研究開発課題

研究開発課題にはさまざまな悩ましい側面が存在し、これによってモラルや倫理問題が浮上する可能性があります。以下に挙げた悩ましい課題について、もう少し詳しく説明します。

● 悩ましい研究開発課題

研究において、研究テーマの選定だけでなく、研究妨害や研究費の目的外使用などの悩ましい課題や問題が起こります。研究者が常に倫理的な観点から行動する重要性を示しています。研究者は研究活動を行う際に、正直かつ透明な姿勢を保ち、社会的な影響や法的な規制に十分な配慮を払うことが求められます。

● 研究妨害

研究妨害は、他人の研究活動を意図的に妨げる行為を指します。これは研究者同士の競争や利害の対立によって引き起こされることがあります。研究者同士の不正競争やプライドのために他者の成果を妨害することは、科学的な進歩と信頼性に対する脅威となることがあります。

● 倫理的に正しい研究テーマ選定

研究テーマの選定は倫理的な配慮が必要です。一部のテーマは社会的な議論を巻き起こす可能性があるため、研究者はその影響をよく考慮する必要があります。

また、まだ**法的な規制が整っていない分野**においては、倫理的な観点からの自己規制が求められます。

● 研究費の目的外不正使用

研究費や補助金などの資金は特定の目的に使用することが期待されます。しかし、時には誤った使途への流用や不正な利用が行われることがあります。**研究費の不正使用**は、法的な問題となる可能性があり、信頼性や透明性の欠如を引き起こします。

研究で発生する不都合な事実

研究妨害

- 研究・執筆妨害、
- 誹謗・中傷・噂話・ネット投稿
- 査読遅延、
- ハラスメント（上下関係がある場合）
- 意図的な配置転換

どこでも起こりうる業務妨害

倫理的に正しい研究テーマの選定

- 容易に悪用される技術開発、開発資金
- 生命倫理や環境倫理、AI倫理にグレー
- 外国政府の資金援助、全面的な情報提供を行う必要のある契約を結ぶ開発
- 海外流出禁止テーマの国内限定の開発

起こりうるテーマ選定問題

研究費の目的外不正使用

研究開発は、短期的には自らで収益を得る可能性が小さく、基本的にはニーズものからの開発費、補助などで設備投資・研究開発資金・人件費をまかなうことになる。

特に使用目的が明確な補助金を目的外で利用することは不正行為とみなされる

架空発注　架空旅費
旅費水増請求　出張二重請求

架空人件費　研究費不正受給

最も起こりうる不正行為

6-12 問題の処置概念

研究開発において研究倫理に関わる問題が発生した際、公衆への対応や処置について説明します。研究倫理の重要性は、研究者としての信頼性と社会的責任を果たすために欠かせません。研究者は研究活動を透明かつ公正に行うことが求められます。

● 研究不正発覚時の公衆の対応

研究不正が発覚すると、社会的な注目が高まります。マスメディアやソーシャルメディアを通じて広く知れ渡り、その研究者や組織に対して非難や批判が集中することがあります。特に、有名な研究者や機関の場合、注目度が高まることから議論が過熱し、個人攻撃や権威への侮辱が起こる可能性があります。

● 研究倫理違反の処置

捏造や盗用などの**研究倫理違反**が発覚した場合、法的な刑事罰はない場合が大半ですが、学会や組織の内部で処分が行われることがあります。これには、過去の投稿論文の撤回や所属学会からの機関処分が含まれます。学会は倫理委員会を立ち上げて調査を行い、研究倫理違反が確認されれば適切な措置を取ります。これによって組織の信頼性や研究環境の向上を図ることを目指します。

研究倫理違反が刑事罰になる場合は、研究費の目的外使用と研究妨害があります。

● 研究テーマの選定

研究テーマの選定は、法的な問題に触れない限り、主に倫理的観点から行われます。研究テーマが社会的な議論を巻き起こす場合、研究者はその影響を検討し、倫理委員会や関連機関に意見を求めることもあります。ただし、法令違反や規則違反に関わるテーマは法的な問題となり、法の遵守が求められます。

研究倫理違反時の措置例

研究費の目的外不正使用	刑事罰あり		違法行為
研究妨害			
捏造	刑事罰なし	機関処分あり	倫理問題
盗用			
改ざん			
二重投稿			
サラミ出版			
不要な著者			
倫理的に正しい研究テーマの選定		機関処分なし	

6-13 研究開発倫理事案

文部科学省の予算配分や措置で行われる研究活動において不正行為が認定された事案についての情報を通じて、研究倫理違反の実態や問題点が浮き彫りにされています。

● 不正行為が認定された事案

報告されている研究倫理違反の事案の多くが、盗用、改ざん、捏造のいずれかに関連しています。これらの行為は、データの信頼性や透明性に影響を及ぼす重大な問題を引き起こします。文部科学省管轄の研究だけでなく、他の省庁管轄でも同様の研究倫理違反事案が報告されていることから、さらに問題は広範に広がっている可能性があります。

● 研究開発でギャップ発生

報告されている事案を通じて、個人で行う研究や論文作成の過程での「モラル違反の誘惑や問題意識の欠如」が浮かび上がっています。

研究倫理教育がすべての研究者に等しく行われていない可能性や、教育を受けても倫理が浸透していない可能性が示唆されています。技術者倫理教育や研究倫理の普及と情報提供の活動が、今後の研究倫理違反の予防に寄与することが期待されます。

● 研究開発の重要性

科学技術の進歩が社会の発展に大きく影響するため、研究者はその倫理的責任を果たしながら研究を進めることが求められます。適切な研究倫理の意識を持ち、教育や情報提供を通じて研究倫理の普及を図ることが、信頼性の高い研究環境の構築に貢献します。

文部科学省管轄の研究不正行為

文部科学省の予算の配分又は措置により行われる
研究活動において不正行為が認定された事案

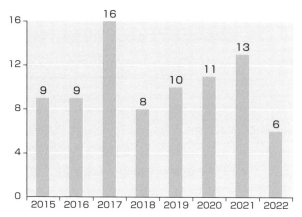

https://www.mext.go.jp/a_menu/jinzai/fusei/1360484.htm
筆者集計作画

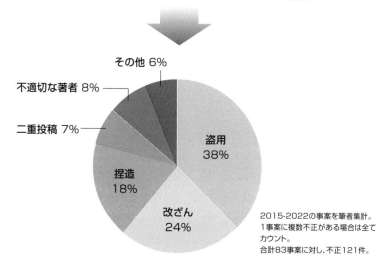

2015-2022の事案を筆者集計。
1事案に複数不正がある場合は全て
カウント。
合計83事案に対し、不正121件。

この件数は文科省管轄の大学関係ものです。

6-14 通称グリーンブック

> 研究者の必読本は、日本学術振興会が出している「科学の健全な発展のために」（通称「グリーンブック」）です。大学院向けと研究者向けがあります。同書は研究者の入門書として最適ですし、Eラーニングも知っておきたい事項が詰まっています。

● グリーンブック

科学の健全な発展のために（通称「グリーンブック」）は、**日本学術振興会**が発行している資料です。研究者のために、研究推進や成果発表、研究倫理に関する重要な注意点や指針をまとめたもので、大学院生や研究者の入門書として役立つものです。

グリーンブックは、研究活動を進める際に知っておくべき事柄や倫理的な観点に焦点を当てています。具体的には、研究倫理の基本、倫理的な課題への対処方法、研究成果の公正な発表方法などが詳細に解説されています。特に重要なのは、研究活動における誠実性や信頼性を保つための考え方や行動指針です。

Eラーニング版のグリーンブックは、視覚的な要素やシミュレーションを通じて、研究倫理に関する実践的な考え方を学ぶことができるため、非常に有益です。

● Eラーニングの効用

Eラーニングについては、賛否両論があります。多くの人々はEラーニングを効果的な学習ツールとみなしていますが、その一方で、適切な学習環境や姿勢が整っていないと、効果が薄い場合もあるでしょう。

Eラーニングはコンテンツを作る側にも受講する側にも責任があります。提供する人は「リアル講座受講よりコストが安い」とか「習熟度に応じた学習」とか「業務を妨げずに自由時間に受講できるから」という理由で、Eラーニングを増やしがちです。受講する現役の研究者や技術者には「自由時間」などありません。勤務時間は業務に充てなければ仕事は終わりません。「Eラーニングは仕事の一環」であるという認識のもと行われるべきものです。

受講する側も「受講期間が決まっているので」「未受講はリストアップされ指摘されるので」など、やらされ感のある学びでは、画面送りのクリックを続ける苦痛の時間を過ごします。Eラーニングを意味のある学びのツールにする覚悟が必要です。

Eラーニング

日本学術振興会HPより申し込み

科学の健全な発展のために
－誠実な科学者の心得－

日本学術振興会HP
https://www.jsps.go.jp/j-kousei/rinri.html

6-15 ▶ 企業内研究者

企業内の研究者は、研究倫理だけでなく、企業人としての責務や技術者倫理にも対応しなければなりません。研究倫理はこれまで主に大学や研究所の環境で言及されてきましたが、企業内の研究者にとっても非常に重要な倫理観です。

● 研究倫理と企業内研究者

企業内の研究者は、研究者としての倫理に加えて、企業内研究者は組織内での責任や倫理にも気を配る必要があります。内部告発や内部通報の責務、知的財産の保護や守秘義務など、多岐にわたる要求があることを忘れてはなりません。

● 企業内研究者の責務

企業内の研究者は、研究だけでなく、製品開発や知的財産権の保護など幅広い業務に携わります。そのため研究倫理のみならず、技術者としての倫理も考慮する必要があります。企業内研究者は、以下の点に留意する必要があります。

1. **知的財産権の保護**：企業内研究者は、新しいアイデアや技術を開発する際には特許の取得を検討する必要がある。これによって企業の知的財産権が保護され、競争力を維持することができる。

2. **実用化への貢献**：企業内研究者は、研究結果を製品やサービスに結びつけることが求められる。研究成果が実際の製品として顧客に提供される際には、品質や安全性を確保する責任がある。

3. **説明責任と透明性**：企業内研究者は、研究結果や開発プロジェクトに関する説明責任を持つ必要がある。ステークホルダーや関係者に対して正確かつ適切な情報を提供し、透明性を保つことが大切である。

4. **内部告発と倫理的判断**：もし研究や開発プロジェクトで倫理的な問題が発生した場合、企業内研究者は倫理的な判断を下し、問題が解決に努める。

5. **モラルハザードへの対処**：企業内研究者は、プロジェクトの成功や企業の利益を追求する中でモラルハザードに陥る可能性がある。そのため、常に倫理的な判断を重視し、研究活動や業務に誠実に取り組むことが重要である。

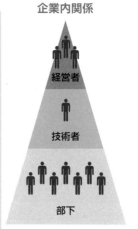

企業内研究者

実際の行動

ギャップ

倫理的な行動

モラル問題
①利己主義
②自己欺瞞
③意志薄弱
④無　　知
⑤自分本位
⑥狭い視野
⑦権威追従
⑧集団思考

企業内関係

経営者

技術者

部下

企業内での開発・研究で
研究者が受けるプレッシャは
どれほどのものだろうか

**倫理的な行動が取れない可能性がある時、
8つのモラルを思い出してください**

6

研究倫理（知識の世界での倫理）

COLUMN　**究極の倫理的試練**

　数年前、筆者は英国で倫理的な試練に直面しました。映画『ダビンチ・コード』にも
登場したテンプル教会での出来事です。

　テンプル教会は、たくさんの騎士の像が横たわっている珍しい教会です。教会につい
て解説したパンフレットが販売されており、欲しかったのですが、ペラペラなのに8ポン
ド（約1,500円）もするので諦めました。

　らせん階段で2階に上がり、広々とした部屋を抜けて突き当たりまで歩いたところ
で、さっきのパンフレットの束が机の上から落ちているのをみつけました。拾い上げ
て、束をそろえて机上に置きます。そのとき悪魔のささやきが聞こえました。「お手伝
いしたので、1枚くらいいいじゃないか、たくさんあるんだし……」。

　必死に邪念を振り払ってその場を離れ、よこしまなことを考えたお詫びとして、受付で
8ポンド払ってパンフレットを購入しました。試練に耐えて倫理的に正しい行動をした
と、胸を張って言える出来事でした。「自慢するほどのことか」とのツッコミはご勘弁を。

思い込み

　私たちは一度思い込んでしまうと、その思考パターンから抜け出すのは容易ではありません。

　身の回りには、しばしば思い込みによるエピソードが存在します。たとえば、筆者の家庭では、トイレの手洗いに関する主張が存在します。奥さんは、「トイレから出てきたら必ず30秒間手を洗って」と主張します。「ウォッシュレットがあるから手はきれいだろう」と主張しても、認めてもらえないのです。彼女は手に病原菌がつくと警告します。こんな会話が家庭で繰り広げられるのですが、一度刷り込まれた考えは意外にも一生を通じて影響を及ぼすことがあるのです。

　私たちの職場でも同じことが言えます。過去に先輩から受けたアドバイスや指示は、理不尽であるとわかっていても、なかなか逆らえないことがあります。筆者が品質管理をしていたある設備で、異常が発生した場合に、異常情報を入力しない人がいました。その結果、素材の品質異常が後に発覚し、追加の作業や検査が必要となりました。その人に「なぜ異常情報を入力しないのか」と尋ねると、その背後には意外な理由がありました。

　その人は非常に仕事熱心な努力家で、何事も率先して行動する人物でした。しかし、彼の行動には一つの思い込みが潜んでいました。彼は以前、当時の管理者から、「異常情報を入力すると手入れが増えるし、品質異常もそう頻繁には発生しないから、異常情報は入力しなくてもいい」と聞いたことがあると言いました。これは単なる口頭での指示であり、特別なルールでもなんでもなかったのですが、彼はその指示を頑なに守り続けていたのです。

　このようなケースを見ると、単純な倫理観ややる気だけでは説明がつかないことがわかります。過去の言葉や出来事が、人の思考や行動に深い影響を及ぼすことがあるのです。そのため、上司や先輩としては、何気ない冗談や比喩でも、相手の未来に影響を及ぼすことを考えて発言する必要があります。特に若い人がまだ自己の考えを固めていない段階で、言葉がその後の人生に影響を与えることもあることを認識する必要があります。

　思い込みは、私たちの行動や判断に影響を及ぼす力強い力です。そのため、過去の思い込みや言葉に縛られず、柔軟な思考を持ち、新しい情報や視点に開かれる姿勢が大切です。

第 **7** 章

製造物責任

　製造物責任は、製品やサービスの提供に際して、その安全性や品質に対する責任を意味します。技術者倫理の中でも中核的な倫理観であり、ものづくりにおける最も重要な責務の一つです。

　技術者は、安全性と品質の確保、適切な情報提供、監視と改善、法的規制とコンプライアンスに関するポイントを念頭において製造物責任を果たす必要があります。これにより、安全で信頼性の高い製品やサービスを提供し、持続可能な社会の実現に貢献します。

7-1 製造物責任①
製造物責任

製造物責任①

技術者倫理の2つ目の項目は、製造物責任です。製造物責任を果たすためには、製品が顧客に利便をもたらすことを保証するだけでなく、その製品が不便や害をもたらす可能性も説明する責任も担います。

● 製造物責任の範囲

一般的に**製造物責任**は、製品の欠陥によって使用者や顧客が損害を被った場合の「製造者の証明責任を定めた法律」を指します。しかし、本章で説明する製造物責任は、製品の製造時を含めた安全性や品質について、技術者の責任として論じます。

技術者は、顧客に対して製品の効用や利便性について説明して、「正確な情報を提供」する責任があります。製品がどのような効果をもたらすかを過度に誇張せず、逆に潜在的なリスクや不便さについても適切に伝えることが求められます。誠実な情報提供は、製品使用中の安全性を高め、顧客の信頼を築く基礎となります。

製造物責任は、技術者倫理の中でも最も幅広く認識されている責任です。技術者は製品の設計から製造、販売、使用、廃棄に至るまでの全過程において、製品の品質と安全性を確保するための努力をしなければなりません。

● 製造途中での事故

「製造途中での事故」については、技術者倫理の中であまり議論されていないテーマです。しかし、製造途中での事故やトラブルは、指示した技術者に責任があります。製造に使用される設備や手順、方法は技術者によって決定し作業者に指示されるため、製造方法の適切性や安全性を確保するための配慮が不可欠です。

作業者の労働災害を、現場標準の不遵守とか、作業者の不慣れや不注意などだけで整理するのではなく、作業指示した技術者がどこまで安全に配慮したかが問われるべきです。労働災害防止は、技術者倫理の製造物責任の中で扱います。

「製造途中の事故やトラブル」については、技術者自身がどれだけ真剣に作業現場に足を運んで安全性を考慮して指示したか、作業者が安全に作業できる環境を提供するために努力したかが問われます。

技術者倫理十戒、製造物責任

I
研究倫理

II
製造物責任

III
製造工程責任

IV
環境倫理

V
保守保全責任

VI
賠償責任

VII
サービス責任

VIII
説明責任

IX
守秘義務・知的財産

X
内部通報・内部告発

7
製造物責任

COLUMN　秘密のボタン

あなたに極秘で「ボタン」が与えられたとします。あなたは不治の病に冒されています。ボタンを押すと、この世が消滅します。ボタンはいつでも押せます。大半の人は、世界中を道連れにすることなどしないでしょう。でも、あなたが「ボタンを押さない」と判断し、この世を消滅させなかったたことは、誰にもわかりません。

では、思考実験です。あなたは、自分の行った標準設定に不具合を見つけました。検査試験が、3年前から1年前までの2年間、要求されていた方法ではなく、古い方法で行われていました。ただし、検査試験そのものは、1年前に廃止されました。

ここで、「ボタン」が登場します。ボタンを押せば、上司やしかるべき組織に連絡が行って、皆が知ることになります。ボタンを押さなければ、永遠に誰も気づかないかもしれません。すでに試験は廃止されているのです。これまで問題は無かったし、これからも起こるはずがありません。

あなたはボタンを押しますか？　それとも不具合の秘密を墓場まで持っていきますか？　この葛藤が思考実験です。

7-2 製造物責任②
製造物責任の３つの視点

製造物責任は、製品の安全性や品質に関する観点から、製品の設計・製造段階、使用者への提供、および潜在的な損害の回避に関わる３つの項目からなります。本章では、製造時の作業者の被災リスクも技術者の製造物責任とみなして議論を展開します。

● リスク低減

リスク低減には、製造時のリスク低減と使用時のリスク低減が含まれます。

製造時のリスク低減は、製品の設計や製造プロセスにおいて、使用時のリスクを無くす本質安全設計を行うことにより達成します。

使用時のリスク低減は、製品の正常な使用状態においても発生するかもしれないリスクを、取扱い説明書や注意書で安全情報として提供して低減します。

製造作業時の作業者被災リスク低減も考慮すべきリスクです。技術者は製造の指示を提供し、作業者はその指示に沿って作業を行います。技術者の指示が検討不足であったり、実施困難な指示であったりすることにより、作業者が災害に巻き込まれるリスクを低減します。

● 正常な使用範囲

製品の**正常な使用範囲**を明確にすることは、製造物責任の範疇です。技術者は、製品の設計や機能に関する情報を、使用者が容易に理解できるような平易な言葉で提供することで、使用時の事故や損害の発生を防ぎます。

● 賠償責任

製造物責任における**賠償責任**には、**民法301条に基づく賠償責任とPL法（製造物責任法）による賠償責任**が存在します。民法301条は、製品の欠陥によって被害が生じた場合に、被害者による証明責任を規定し、PL法は、特定の製品に起因する損害を受けた被害者は、製造業者に賠償を請求できる法律です。

製造物責任の３つの視点

製造・使用時のリスク

製造時リスク

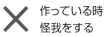 作っている時
怪我をする

通常は触れないリスク

使用時リスク

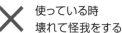 使っている時
壊れて怪我をする

製造時（設計時）リスク低減策

ハザード	リスク		

熱い発熱体	触れてやけど	接触防止	熱くない発熱体

どこまでの使用なら正常か周知

✕ 電子レンジで猫を乾かす

✕ 耐荷重80kgの椅子に
100kgが座る

賠償責任（PL法1994年）

生命、健康、財産の被害

製品が原因の損害賠償

製造物責任③
製造物責任の考え方

> 製造物のリスクは、設計時、製造時、使用時の３つの段階で発生します。技術者の製造物責任は、これらの段階でのリスクを最小限に抑え、安全性を確保することです。具体的な詳細に入る前に、製造物責任の考え方を見てみましょう。

● 製造物のリスク低減

設計時のリスク低減は、最初から製品に事故の可能性を排除する**本質的な安全性を備える**ことです。このためには、適切な設計手法や材料選定、過酷な条件下でも機能する安全機構の組み込み、防御機構や安全機構の設計などが重要です。

製造時のリスク低減は、技術者が製造作業者に適切な作業手順や注意事項の提供することにより、製造過程での事故や誤動作、品質異常の発生を減少させることで達成します。

使用時のリスク低減は、使用者に正しい使い方を提示し、製品の危険性や使用限界を理解し、安全な利用ができるようにするための情報提供により実施します。

製造時の安全に関する３つの原則は、設計上の欠陥を排除する**本質安全の原則**、異常事態を隔離する**隔離の原則**、危険を感知した場合に適切に停止する**停止の原則**で成り立ちます。

● 製造物責任の範囲

製造物責任は、製品の誤用や不適切な使用による事故の場合、製造者には責任が及びません。たとえば、殺虫剤の噴出口を口に入れて射出するような誤った行為や、明記された耐荷重を超えた椅子の使用による破損などは、製造者の責任範囲外です。

● 賠償責任の範囲

事故が発生した場合の賠償責任は、民法上と製造物責任法（PL法）とでは、異常の証明範囲が異なります。民法301条に基づく賠償責任は、製品の欠陥によって被害が生じたときに、被害者に製造者の欠陥を証明する責任を定めています。一方、PL法は、製品に起因する損害に対して、製造業者に過失があったかどうかは問わず、賠償責任があることを明確に定めた法律です。

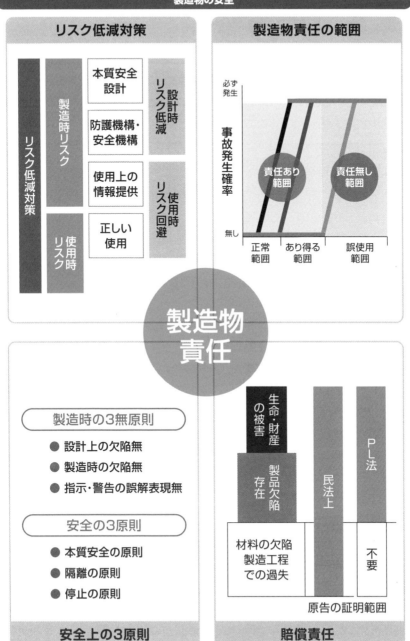

製造物の安全

リスク低減対策

本質安全設計
防護機構・安全機構
使用上の情報提供
正しい使用

製造時リスク
使用時リスク
リスク低減対策

設計時リスク低減
使用時リスク回避

製造物責任の範囲

事故発生確率
必ず発生
無し

責任あり範囲
責任無し範囲

正常範囲
あり得る範囲
誤使用範囲

製造物責任

製造時の3無原則

● 設計上の欠陥無
● 製造時の欠陥無
● 指示・警告の誤解表現無

安全の3原則

● 本質安全の原則
● 隔離の原則
● 停止の原則

安全上の3原則

生命・財産の被害
製品欠陥存在
民法上
PL法

材料の欠陥
製造工程での過失
不要

原告の証明範囲

賠償責任

製造物責任④
リスク設計

設計段階でリスク低減を考慮することは、効果的な本質安全性を確保する手段です。リスクマネジメントの観点からリスク低減を行うには、本質安全、安全設計、標準化、防護といったアプローチがあります。本節では、リスクとハザードに関する概念を紹介します。

● ハザード（危険要因）

設計時や製造時にリスク低減を検討する際には、**ハザード**（危険要因）と**リスク**（危険）の2つの概念を区別して考えます。

ハザードとは、事故や危険が発生する可能性のある原因や要因を指します。たとえば、熱い発熱体や未保全の断崖などがハザードの例です。ハザードは、正しく認識して適切に対処すれば必ずしも人や財にリスクをもたらしません。

● リスク（危険）

ハザードがもたらす危険が**リスク**となります。リスクは、ハザードによって引き起こされる潜在的な被害や危険度を指します。たとえば、熱い発熱体に触れることでやけどをする危険がある状況は、高いリスクを持つ状態です。リスクを低減するためには、表面を覆うなど対策や設計の工夫が必要です。

さらには、発熱しない材料を使用することで、本質的な安全性を確保することができます。

● 設計者の考慮すべき点

製品設計においては、「設計段階でのリスク低減」が重要です。設計者が予想しないような状況や環境での使用によるリスクも考慮する必要があります。想定される状況を設計段階で可能な限り予測し、リスクを低減する設計をしておくことは重要な課題です。

実際のトラブル実例からもわかるように、「想定外の利用方法や状況」によるリスクは見逃すことなく評価する必要があります。「想定外の出来事」は、リスク対策を充分に行った結果に起こる出来事です。状況想定をして対策を講じていない場合は、単なる設計ミスです。

リスク設計

製造時(設計時)リスク低減策

ハザード

熱い発熱体

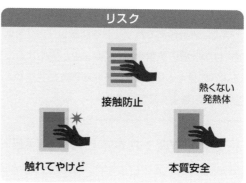

リスク

接触防止

熱くない
発熱体

触れてやけど

本質安全

使用時リスク低減

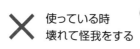

✕ 使っている時
壊れて怪我をする

注意書き

教科書的にはこれで十分かも。
しかし本当に安全を配慮しています‥‥?

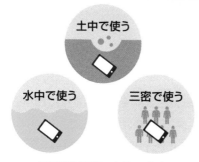

土中で使う

水中で使う

三密で使う

使用者は思わぬ使い方を
するものです

使用上の注意

極小文字で書いた
注意書きで
本当に防げますか?

製品安全演習①

製品安全は、設計段階でハザードを認識しリスクを低減させることで実現します。しかし、時には設計者の予想を超えてリスクが発生することもあります。安全対策が合理的であるように見える場合でも、予想が現実の状況や人々の行動と乖離していると、リスクが顕在化し、被害を及ぼします。

● 製品安全の演習：六本木ヒルズの回転ドア挟まれ事故

2004年、東京の六本木ヒルズで、悲劇的な事故が発生しました。ビル入り口にある回転ドアに子供が挟まれて亡くなるという痛ましい事故でした。この回転ドアは、オランダのブーンイダム社製で、外観の美しさと風圧に耐えるために外板が本来の軽いアルミニウム合金から、ステンレス鋼板に改造されていました。ドア重量が増加し挟まれたときのハザードが増したため、リスクを低減するために120cmの高さと足元に、遮光を検知すると回転が停止する赤外線安全装置が組み込まれました。

しかし、2003年開業以降の1年間で、大型回転ドアで12件、小型回転ドアで10件の挟まれ事故が発生しました。特に大型回転ドアの事故では、7件が8歳未満の子供が体を挟まれました。子供たちは回転ドアに向かって前のめりになりながら走ってくるため、2つの赤外線センサーが作動しなかったのです。ビル管理会社は、回転ドアへの駆け込みを防ぐためにパーティションを立てましたが、子供たちはパーティションをくぐって回転ドアに挟まれるという事故が続いていました。

● 製品安全の実態

この事故において、ビル管理会社と回転ドア製作会社の双方に過失が認定されました。回転ドアは設計や製造段階で最善の安全設計努力がなされたものの、現場での予想外の使用方法に適切でなかったため、死亡事故が発生しました。

この事件は、設計者や製造者が最良の対策を行っても、**想定外のリスクを軽視する**ことなく考慮する必要性を示しています。「回転ドアは体を挟むものだから軽いアルミニウム製で作る」という**本質安全**を採用しなかった設備は、どんなにセンサーをつけて予防しても事故への道を止めませんでした。

六本木ヒルズの回転ドア

● **安全対策はとっていたものの危険があった例**

六本木ヒルズ回転ドア挟まれ （失敗学会での検討より再構成）

オリジナル回転ドア（ブーンイダム社）
アルミ材料、回転部重量1t以下

回転ドア

製造物責任

7

製造物責任

設計変更 風圧が強くても耐えられる

設計変更 見栄え良くしたい

機能変更
オリジナルの持つ本質安全欠落

▶ 骨材がアルミから鋼、外板にステンレス鋼板
▶ 回転部重量2.7t

【 安全対策 】
センサを120mmと足元に設置。
センサ感知で緊急停止

赤外線センサ
約120cm ▶

子供身長
117cm

赤外線センサ
足元 ▶

【 類似先行事例 】
2003年開業以来1年間で大型回転ドア12件、
小型10件発生。大型のうち7件は8歳未満が
体を挟まれた（予兆はあった）

▶ 対策は駆け込み防止の簡易ポールを立てていた

ビル管理会社とドア製作会社の
「製品製作」の過失認定

7-6 製造物責任⑥ 製品安全演習②

2005年に発覚した耐震強度偽装事件は、日本中を震撼させ、製品安全への信頼を揺るがしました。この事件では、21棟のマンションやホテルの耐震構造計算書に偽装があったことが明らかになりました。

● 製品安全の演習：耐震強度偽装事件

この事件では、一級建築士が建物の耐震強度を偽装しました。建設費用を抑えるため、建築資材の使用を最小限に抑えることができる計算書が提出され、耐震強度の信頼性が問われる事態となりました。

この偽装は、建築の認可や許可に関わる検査機関にも見破れず続けられました。偽装判明後、震度5強の地震で崩壊する可能性も指摘されました。耐震強度の判定は専門の計算プログラムによって行われ、チェックが難しいため、技術者の倫理観に頼る側面がありました。

この不正行為は1997年から始まり、建設費用を削減するなどの成果をあげていました。一方で、計算データの入力と出力の確認だけで審査が行われ、建物の実際の確認がされていなかったことが明らかになりました。

● 偽装の本質

この事件は、業界の慣習や顧客からの要請、さらには収入を得る誘惑によって、倫理的な行動と実際の行動のギャップが生まれた事例です。多くの非倫理的な行動はギャップの結果であり、このギャップを生じさせるモラルハザードを防ぐ方法が問題となります。一級建築士が正しい構造計算と耐震評価を行うことが倫理的な行動であることは誰もが認識しますが、なぜ偽装を行ったのかは、本人にも説明が難しいでしょう。

しかし、「倫理的な行動と実際の行動のギャップ」は、個人が抱えるモラルの問題から生じます。業界の慣習や納期の要請、競争などの背景により、「受注を増やしたい」「注文を確保したい」という願望が、利己的な考えや自己欺瞞などのモラルハザードを引き起こし、偽装行為が始まった可能性があります。一度モラルが崩壊すると、元に戻すことは難しいのです。

姉歯耐震強度偽偽装事件

実際の行動

より少ない建材で合格させる

ギャップ

モラル

業界慣習・要請・収入

倫理的な行動

正しい構造計算での耐震評価

この事件のトリビア

　耐震強度計算の偽造で大騒ぎになった事件でしたが、有罪になった理由は、数棟のビルの構造計算書の偽造による建築基準法違反と証人喚問の虚偽答弁、名義貸しで、懲役5年、罰金180万円でした。刑罰が騒ぎに見合っているかどうかは別にして、これは「技術者倫理」としての問題の実例でした。

　この騒ぎの直後、全国で建築不祥事が次々と発覚しました。ビルの容積率の無届け超過変更や、構造計算書の偽造、耐震偽装、設計ミスなどが明るみに出てきたことから、当時根深い「ギャップ」が存在していたことが想像できます。

COLUMN ポスターの効果

　皆さんの職場にも、階段の上がり口や掲示板などに、安全月間のポスターが貼り出してあると思います。ここで問題です。職場の最新のポスターで、毎日笑顔で語りかけてくる女性の顔を思い出してください。どうですか？　思い出せましたか？　「安全月間だから気を引き締めよう」。で、ポスターの顔は？

　これはポスターだけの話ではありません。標語でも目標でも、「貼り出されたら2日で目に映らなくなる症候群」に陥ります。

7-7 製造物責任⑦
製品安全の３原則

製品安全は、製造時の安全性と使用時の安全性の確保が必要です。製造時の安全性に関する３つの原則は、設計上の欠陥がないこと、製造時の欠陥がないこと、指示・警告の誤解表現がないことです。

● 設計上の欠陥がないこと

設計上の欠陥がないことは、製品の設計段階で問題がないことを指します。たとえば、2005年の耐震偽装や、2007年のエレベータ鋼材に強度不足の鋼材を用いた事案のように、設計時に倫理的でない設計をしたり、材料を使用することは絶対に避けるべきです。

技術者は通常、安全性を最優先に考え、トラブルを避けるために努力するはずですが、市場の圧力や予算の制約などが倫理的な判断を歪める可能性もあります。

● 製造時の欠陥がないこと

製造時の欠陥がないことは、製造プロセスにおいて品質管理が徹底されていることを意味します。製品には、製造時に微小な傷が不可避的に発生することがあります。

ただし、これらの傷が「許容範囲内」であったり、品質管理によって傷の補修や除去が行われたりすることで、出荷された製品の品質が確保されます。傷とは、不可避的に入る製品の不具合であり、欠陥はその不具合が許容範囲を超えたり、使用上の不具合になるものです。

製品の「傷の検査と合格基準の充実」は製品安全では欠かせません。

● 指示・警告の誤解表現の防止

不可避な危険が存在する製品においては、文書や図解による警告が重要です。しかし、これらの警告が曖昧であったり、誤解を招く表現となっていたりすると、製品の誤使用や使用事故のリスクが高まります。わかりやすく、「誤解が生じないような表示や警告」の提示が必要です。

製品安全の3原則

設計上の欠陥無

姉歯耐震強度偽造事件 2005

実際の行動
より少ない建材で
合格させる

ギャップ

モラル
業界慣習・要請・収入

倫理的な行動
正しい構造計算での
耐震評価

エレベータ鋼材 強度事件 2007

納品書

SPHC
▼
SS400

【 モラルギャップ 】
鋼材購入が困難
発注業務が口頭

安全上の3原則

製造時の3無原則
設計上の欠陥無
製造時の欠陥無
指示・警告の誤解表現無

指示・警告の誤解表現無

不可避的に危険が残る製品

その危険性の発現による事故を消費者側で防止・回避するために適切な情報を製造者が与えなかった場合は欠陥となる

▶ 分かりやすい注意書き

表示が分かりにくかったので火傷したPL訴訟は原告の言分は認められている。説明書、警告ラベルの不備は設計・製造と並ぶ重要性

製造時の欠陥無

出荷時
不合格
疵なし

実は
不合格
疵混入

疵が
問題に
なる

製造者の
品質管理の
問題

途中で
混入

疵検査
基準の
擦り合わせ

製造者〜
納品までの
不具合調査

7
製造物責任

135

製造の安全

技術者の製造責任の中には、製造時の安全があります。災害が起こるような職場で作られた製品は、どんなに優れていても使用をためらう使用者もいるでしょう。

● 安全管理は誰の責任か

「現場管理者は安全管理をしっかりやる」。一般的にはこの視点で労働安全を論じてきました。しかし、「作業者の安全確保は技術者の責務」という視点では、これまであまり議論されてきませんでした。

現場作業者の労働安全の確保、品質保証の確保、作業の安全などは、作業を実行する組織が行います。ただ、作業者は自分勝手に作業しているわけではありません。技術者は、作業者に「指示」「指示書」「標準」を指示し、製品を作り出しますが、同時に生産性や作業者の安全に関する作業指示も行います。

● 労働安全まで面倒をみられないと嘆く技術者

労働者の安全管理は、製造現場管理を行う管理者の責務です。筆者はかつて、製造現場の管理者を務め、その仕事の中で、災害を経験し、事故も経験しました。そういうものづくりの最前線で作業者の安全管理を行っているうちに、ふと疑問が湧いてきました。作業者の作業は、何に基づいて行っているのだろう。

製造工程の安全管理者は、作業者に標準通りの作業を安全に行わせる責務があります。そのために、手順書や安全標準を作り、作業を繰り返し習熟させ、対話を行います。その作業を指示しているのは、誰か。それは技術者です。技術者の作った作業指示に従って作業者は作業を行っているのです。

技術者は、その作業にどこまで責任を持っているのでしょうか。もちろん出来上がってくる製品への責任はあります。しかし、技術者の指示している作業について、どこまで現場で確認し、改善やリスク低減に対して自分の仕事としているのでしょうか。

作業指示が悪ければ、**災害の危険**がつきまといます。できもしない「守り辛い作業指示」はないでしょうか。「技術者は、現場作業者の安全に直接的に責任がある」と考えると、違った光景が見えてきます。

製造安全

これはあまり
これまでは語られて
きませんでしたが、
技術者倫理と
考えます

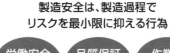

製造安全は、製造過程で
リスクを最小限に抑える行為

労働安全
の確保　品質保証
の確保　作業の
安全

技術者の製造指示を実行する人々

製造作業　　検査

輸送運搬　　貯蔵

経営者

技術者

部下

企業内関係

さらに、顕には語りませんが、
コスト低減・生産性向上も技術者の責任です

7-9 製造安全②
製造の安全責任

技術者倫理の講義で取り上げられる事例を見ると、製品の一般の人々への影響だけでなく、工場内での事故や災害に関する事例も多くあります。通常、工場での事故は、設備の異常や作業者の倫理的行動違反などが引き金とされています。しかし、これだけで原因は充分言い尽くされているでしょうか？

● 事故・災害に対する技術者の責任

詳細な内容は本論や演習で掘り下げますが、たとえばダイアモンド・プリンセス号の火災といった事故では、一般的に違反行為をした作業者や、その違反行為を見過ごした現場監督に焦点が当てられることが多いです。しかし、違反行為をせざるを得ない状況を作業指示として提供したのは技術者です。

指示書の陰に隠れて、「指示書違反を防ごう」とか「標準通りに作業を行うように」という言葉を繰り返すのは、技術者の役割ではないはずです。技術者は、自身が設計したり指示を出したりした結果に責任を持たねばなりません。その責任の対象は、製品の使用者や一般の公衆に限られたものではなく、工場内で作業を行う作業者にも適用されます。

● 典型的な事故・災害事例の再検討

技術者倫理における教材には、しばしば著名な事故・災害事例が含まれています。こうした事例では、「**公共の利益に反する行為**」「**他人への思いやりや配慮の欠如**」「**誠実さや正直さの不足**」「**公正で公平な行動**」といった言葉が用いられます。ただ、残念なのは、実際に事故が起こり、被災者がいるにもかかわらず、当事者の行動が「**モラルの欠如**による結果」とされることがあることです。

事件が解明されてくると、当事者自身、行う選択肢が制限されている場合もあります。当事者がどうしてそのような行動を取ったのかという背後にある状況を把握せず、当事者の行動に焦点を当てることは、再発防止にはつながりません。このような事故・災害事例を考える際には、実際に関与する人々の視点や立場から問題を捉える必要があります。

技術者は何をすべきであったか

●技術者倫理でよく取り上げられる事例

『**フォード・ピント事件**』（1972年）
… 衝突時にガソリンタンクの破損の可能性がある設計を修正せず量産化

不適切な
費用便益計算

『**シティーコープタワーの設計変更**』（1978年）
… 強風による外力での倒壊危機の顕在化、補強工事実施

施行中の
接合方法の変更

『**薬害エイズ事件**』（1980年代）
… 血友病患者の非加熱製剤投与によるHIV感染拡大

薬害

『**インド・ボパール殺虫剤ガス漏れ事故**』（1984年）
… イソシアン酸メチルのガス漏れによる世界最悪の産業事故

保守点検不良・怠業

『**インドネシア味の素追放事件**』（2000年）
… イスラムの食品禁忌の豚肉の酵素を発酵菌の培養過程で使用した

宗教配慮

『**雪印乳業食中毒事件**』（2000年）
… 常態化した衛生管理違反。停電による食中毒懸念製品を隠蔽出荷

集団浅慮

『**Winny事件**』　（2001年）
… ファイル交換ソフトの開発による送信可能化権の侵害

著作権法違反

『**三菱自動車工業リコール隠し**』（2000、2004年）
… 内部告発により発覚。運輸省に届けず回収実施

不良の隠蔽

『**原子力発電所の点検記録の不正な取り扱い**』（2002年）
… 自主点検記録不正、補修の取り扱い、検査偽装など

集団浅慮など

『**みずほ銀行システムトラブル**』（2002～2021年）
… 取引集中日にデータ移行などでシステム障害を繰り返す

危機管理

『**シンドラーエレベータ**』（2006年）
… エレベータ構造とフェイルセーフ機能などの機能不良

設備誤作動

『**渋谷松濤温泉爆発事故**』（2007年）
… 住宅地温泉の排気管の水抜き栓を利用者が認識せず不使用

説明責任

『**エキスポランドジェットコースター脱線死傷者**』（2007年）
… 設備の金属疲労の点検不良

点検作業の形骸化

●本書収録

『**スペースシャトル爆発事故**』（1986、2003年）
集団浅慮

『**東海村JCO臨界事故**』（1999年）
製造工程責任

『**ダイアモンド・プリンセス火災**』（2002年）
製造物責任

『**六本木ヒルズ自動回転ドア事故**』（2004年）
設備仕様変更

『**姉歯耐震偽装事件**』（2005年発覚）
製造物責任

7

製造物責任

製造安全③
ダイアモンド・プリンセス号の火災

> ダイアモンド・プリンセス号の火災事故は、船内での火災が発生し、その原因や背景について検討された事例です。以下はその事例に関する詳細な内容です。

● 火災発生の顛末

　ダイアモンド・プリンセス号は、三菱重工長崎造船所で建造された世界最大級の豪華客船です。この船に、2002年に火災事故が発生しました。

　事故の要因は、第5デッキでの内装工事と第4デッキでの天井リブ溶接作業が同時に行われたことです。船内の鋼板が薄かったため、溶接の熱が上層階に伝わり、火災のリスクが高まりました。設計者はこのリスクを想定し、まずボックスを天井に設置し、その後そのボックスに溶接するように指示します。

　しかし、作業者は天井への直溶接を選びました。ベテランの作業者は、それまでのタンカー製造時に行っていた直溶接を選択しました。タンカーは、天井に直溶接しても火災など発生しません。また、ボックス設置の困難な場合は、直溶接しても良いと標準でも許していました。

● 技術者倫理的な見方

　この事例を技術者倫理の観点で見ると、適切な指示が出されていたにも関わらず、実際の作業現場では、現実的な制約や効率性などの要因が絡み、倫理的な作業が困難な状況に直面しています。また、指示を出す技術者も、実際の作業現場や作業者の立場をより深く理解し、実現可能な指示をする必要があったことが示唆されています。

　このような事例を通じて、倫理的な判断が現実的な状況や複雑な環境に影響されることがあることがわかります。また、指示を出す側である技術者にとって、現場での実際の作業を知り、適切な指導と判断を行うことの難しさが浮き彫りにされています。

船内でのリブ取り付け

5mm厚の床＝天井に直接溶接したら上階のゴミが加熱して燃えた

実際に
起こった事

作業標準

実際の取り付け
（標準通りにでき
なければOK）

倫理的な行動と実際の行動のギャップ

実際の行動
これまでやっていた作業

ギャップ

倫理的な行動
作業手順書通りの作業

【環境・背景】
三菱重工が初めて手掛けた豪華客船。過去は
タンカー主体。
▶タンカー床は厚い。客船の床は薄い。

【作業標準】
（薄い床鋼板に直接溶接をすると熱を持ち発火
の危険性があるため）ボックスを取り付けその
上に溶接する。

【実作業】
（ボックス法は効率が悪いので）床鋼板への直
接溶接がベテラン層を中心に横行

【実対応】
現場監督が作業者に何度も注意。作業者は監
督の先輩（作業会社に就職）

【モラル問題】
「お前も来年、この会社に来るんやな」

ダイアモンド・プリンセス号の火災の教訓

造船業界にも多様化の波

あとで部外者が勝手なことを言っても始まらないが

| 監督者ならどうする？ | 設計者ならどうする？ |

製造物が異なる

タンカーの鋼板は分厚い
客船の鋼板は薄い

発火の危険性

技術者が指示した加工法

守らない・守れない指示
・従来法に比べて手間
・従来法で問題発生なし
・従来法が慣れている

守らせられない環境
・明らかに非効率
・監督者は注意するが
・作業者は監督者の先輩
・「来年お前もうちに」

JCO 常陽燃料の臨界事故

1999年9月30日、JCO東海事業所の核燃料加工施設で起こった常陽向けの核燃料の臨界事故は、核分裂の連鎖反応が発生し、大きな被害をもたらしました。以下は、その事故の詳細と技術者倫理的な観点からの考察です。

● JCO 常陽燃料の臨界事故の顛末

この事故は、核燃料の加工工程において、正規のマニュアルに従わずに作業が行われていたことが主な原因でした。「裏マニュアル」や「標準を逸脱した操作」が行われていたのです。作業者たちは、生産性向上や効率化を追求する中で、正規の手順とは異なる方法を採用していました。事故発生時、核分裂の連鎖反応が20時間にわたって続き、死者や被爆者を出す大惨事になりました。

● 技術者倫理的な見方

1. **現場改善と技術的な裏付けの重要性**：現場作業者が生産性向上や品質向上のために現場改善を行うのは重要だが、技術的に正当性のない方法で行われると、予測できないトラブルや事故が発生する可能性がある。

2. **標準と現実のギャップ**：事故の背後には、作業者が既存の標準を使用せずに現実的な方法を選択したためであった。効率化や手間を減らすために、既存の標準を逸脱した方法を選ぶことは、事故や問題を引き起こす可能性がある。ただし採用した方法は、別の工場で標準化されていたものであった。当該工場の標準よりも後に作られた手順はより合理的であったが、当該工場の標準の変更には至っていない。

3. **技術者の役割**：技術者は現場改善作業を支援する役割を果たすべきだが、「細かな改善の積み重ね」が結果的に問題を引き起こす可能性があることを考慮することも重要である。技術者は、改善がトラブルを引き起こさないように、実現可能な方法や手順を提供する役割を果たす必要がある。

4. **標準の見直しの重要性**：作業の合理化や改善が進行する中で、既存の標準や手順の見直しを怠ることは問題を引き起こす可能性がある。技術者や組織は、標準の適切性や合理性を定期的に見直し、必要に応じて修正することが重要である。

核燃料調整作業

超概略作業

本来行う作業	作業改善（裏マニュアル）	実際に行った作業

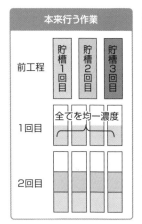

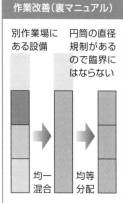

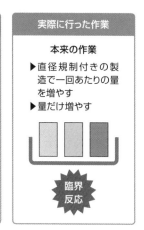

前工程　貯槽1回目　貯槽2回目　貯槽3回目

1回目　全てを均一濃度

2回目

別作業場にある設備　円筒の直径規制があるので臨界にはならない

均一混合　均等分配

本来の作業
▶ 直径規制付きの製造で一回あたりの量を増やす
▶ 量だけ増やす

臨界反応

国に提出した標準 ▶▶ 技術員承認 ▶▶ 他工場で実績ある作業 ▶▶ 経緯もわからず作業変更

見方によれば、技術者が改善作業を後押しするのは本来業務

7

製造物責任

核燃料調整作業のギャップ

実際の行動
臨界現象が起こる作業

ギャップ

倫理的な行動
作業手順書通りの作業

この記述は事例の分析のための筆者の私見であり公式見解ではありません。

【環境・背景】
「常陽」の燃料加工。燃料は水溶液で出荷される。燃料容器は大型化できない。燃料容器の間の燃料濃度は均一を要求。

【作業標準】
1回製造毎にN分の1ずつN個の容器に分割注入。これを必要量まで繰り返す。

【作業改善】
他作業現場では細長い筒状作業装置に入れている（別種の核物質）を横展開する

【実対応】
作業者から核物質の反応メカニズム

【モラル問題】
改善行為＝役立つ（狭い視野）
行為＝臨界知識（無知）
新たな作業＝手順無視（集団思考）

7-12 PL法①
製造物責任法

賠償責任法（略称：PL法*）の運用は、消費者は弱い立場であり、製造者はいかなる場合も保護する責任があると考える点で、他の法律と一線を画しています。消費者が損害を受けたとき、「欠陥があることを証明できれば、賠償すべし」との法律が適用されます。

● 製造物責任法

製造物責任法は、消費者保護の一環として設けられた法律であり、消費者の権利を守るために重要な役割を果たしています。この法律を通じて、製造者は製品の品質管理や安全性により一層の注意を払うことが求められています。

以下に製造物責任法の主なポイントを簡潔に述べます。

---

1. **適用範囲**：PL法は主に動産（可動財産）に適用される。建築物や土地などの不動産には適用されないが、加工機械の部品など一部の例外的なケースでは不動産においても適用されることがある。

2. **被害対象**：生命、健康、財産に被害が発生した場合が対象。名誉毀損や風評被害、将来リスクは対象外である。具体的な損害が発生した場合にのみ適用される。

3. **無過失責任**：PL法では、欠陥があることが原因で損害が発生した場合、製造者は無過失責任を負う。つまり、製造者が故意や過失を問わず、単に欠陥があることを証明されれば賠償責任を負うことになる消費者側に有利な仕組みである。

4. **適用条件**：製造物責任法を適用するには、以下の条件を満たす必要がある。
   ①製品が欠陥を持っていること
   ②製品の欠陥が原因で消費者が被害を受けたこと
   ③製品が消費者の通常の使用範囲内で使用されていたこと

5. **指示・警告**：製品に指示書や警告が記載されている場合、消費者が指示に従わなかったり警告を無視したりする場合、賠償責任が軽減されることがある。ただし、記載がない場合でも、製品の欠陥が明らかであれば製造者の責任が問われることもある。

---

* **PL法**：Product Liability Law

製造物責任法の対象

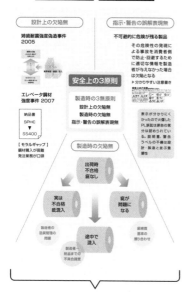

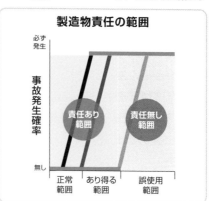

指示・警告があれば対象外だが・・・

対象外　　　　　　　対象

殺虫剤

カプセルが喉に詰まる

生命・健康・財産に被害を与えると対象

PL法施行後の判例

数多くの事例が報告されている

対象物（製造加工した動産）

対象被害

生命　健康　財産

非対象物（生もの・不動産）

対象被害外

名誉　風評被害　将来へのリスク懸念

賠償責任

賠償責任法は、製品欠陥による生命や財産への被害が発生した場合、被害者の救済を促進するために導入された法律です。賠償責任法と民法301条との違い、および賠償責任法の一部弊害について説明します。

● 民法301条

民法301条は、製品の欠陥によって生命や財産に被害が発生した場合、原告（被害者）側が製品の欠陥を証明し、さらにそれが製造者の故意や過失によるものであることを証明する必要がありました。つまり、被害者が製品の欠陥を証明するだけでなく、その欠陥が製造者の過失や故意によるものであることまで証明しなければならなかったのです。そのため、被害者には非常に困難な立証が求められる場合がありました。

● 製造物責任法（PL法）

PL法では、被害者救済を容易にするために、無過失責任や厳格責任の原則が導入されています。これにより、製品に欠陥があることを証明しただけで、製造者は賠償責任を負うことになります。つまり、製品の欠陥が原因で被害が発生した場合、製造者は故意や過失を問わず、その責任を負うことになります。これにより、被害者の救済が容易になりました。

● 製造物責任法での賠償の弊害

一方で、PL法の導入により、被害者の救済が向上した一方で、特定のケースでは一部の企業にとって賠償責任を負うリスクが高まる可能性があります。

たとえば、設備を納入した小企業が製品の欠陥によって大企業に対して賠償責任を求められるケースがあります。これは、小企業が納入した部品や装置の欠陥が原因で大企業の製品に賠償責任が発生した場合、大企業が小企業にその賠償を求める可能性があるということです。このような状況において、小企業は巨額の賠償金の責任を負う可能性があるため、一部の企業にとってはリスクが高まることがあります。

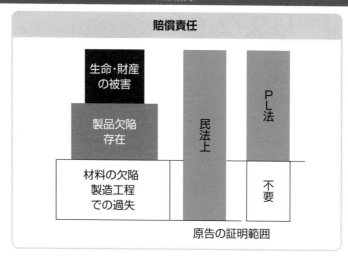

賠償請求

賠償責任

生命・財産の被害		
製品欠陥存在	民法上	P L 法
材料の欠陥 製造工程 での過失		不要

原告の証明範囲

免責事項

欠陥が最新科学技術を持って
しても予見不能な場合

誤試用

欠製品を一般的な使い方とは
異なる使い方をする
➡ ねこを電子レンジで乾かす

民法301条

素材の欠陥
製造工程の欠陥
原告側のメーカ内部での証明
故意や過失

製造物責任法

メーカーの
・無過失責任
・厳格責任

7

製造物責任

リスク①
リスク

リスクは、業界や活動に関わらず避けることの難しい存在ですが、適切なリスク評価と管理が重要です。技術者は、製品やプロジェクトの設計・開発段階からリスクを考慮し、安全性や品質の確保に努めることが求められます。

● 製造業のリスク

製造業には、ビジネスリスク、製造物リスク、製造リスクといった種類のリスクが存在します。これらのリスクには、技術者が深く関与することがあります。

● 製造業のビジネスリスク

ビジネスリスクには、法令違反、情報漏洩、災害、品質問題、設備や車両の事故などが含まれます。これに加えて、経済の不況や減益、倒産のリスクも常に存在します。

為替変動や原材料価格の上昇、供給チェーンの中断など、国際的な要因によるリスクもあります。最近では、新型コロナによる影響も大きなリスク要因となりました。

● 製造物リスク

製造物リスクは、主に３つのカテゴリーに分けられます。それは、使用者の生命に関わる異常リスク、使用者の健康に関わる異常リスク、そして使用者の財産に関わる異常リスクです。

たとえば、製品に異物混入があったり、重篤な健康被害が起きたりするリスクがあります。また、家電製品の発火など、製品自体に関するリスクも存在します。

● 製造リスク

製造リスクは、主に製造者自身の生命、健康、財産に関わる事態を指します。一般的には**労働災害**が含まれ、本書では労働災害も技術者倫理に関連する一環として取り上げられています。

リスクの種類

リスク＝危害の発生確率及び 危害の重大さの組み合わせ

災害　　品質事故

法令違反　　　　　事故

情報漏洩　　　　犯罪

倒産　　　　不況

減益

ビジネスリスク

使用者の 健康に関わる 異常

使用者の 生命に関わる 異常

使用者の 財産(動産) に関わる 異常

製造物リスク

製造者の健康に関わる事態

製造者の 生命に関わる 事態

製造者の 財産に関わる 事態

製造リスク

リスクとクライシス

技術者が把握しておくべき管理方法として、リスクマネジメントとクライシスマネジメントがあります。これらは、リスクに対処し、危機を管理するための手段です。

● リスクマネジメント

リスクマネジメントは、**リスクアセスメント**を通じて、製造現場においてリスクを予防・低減する手法です。具体的には、以下のステップが含まれます。

1. **リスクの選定・特定**：リスクの存在を洗い出す。
2. **リスクの分析・評価**：リスクを発生確率や被害程度などで数値評価する。
3. **対応・低減策の立案と実行**：改善効果の大きなものから対策を講じる。
4. **リスク低減の実態把握**：対策の前後でリスク評点の変化を把握する。

リスクマネジメントは、リスクを無くしたり残したまま放置するという意味合いではなく、適切な対応策を講じることでリスクを最小限に抑える方法です。

● クライシスマネジメント

クライシスマネジメントは、危機が発生した際にその危機を適切に管理する手法です。クライシスに直面した際に、以下のステップを実行します。

1. **初動対応**：危機をいち早く把握し、対応策の行動に移す。
2. **情報収集**：危機の内容を把握する。
3. **対話・コミュニケーション**：被害者や関係者との対話を行う。
4. **再発防止策の実施**：恒久対策を行い、対策の横展開を行う。

クライシスマネジメントの初動は、危機の状況を把握し、被害の拡大を防ぐために必要な措置を講じる段階です。

最終的には、危機の解明と再発防止策の実施がクライシスマネジメントの目的です。

リスクとクライシス

リスクマネジメント＝リスクの取り扱い手順

クライシスマネジメント＝危機に直面した時の手順

リスクマネジメント（リスク低減）

リスクの選定・特定

↓

リスクの分析・評価

↓

リスクの対応・低減

↓

リスク低減実態把握

} リスクアセスメント

↓

製造現場へ周知徹底　技術者の重要な責務

危機の発生

クライシスマネジメント（危機管理）

初動	情報
危機・被害把握	顧客被害の情報
作業・製造停止	製造工程の情報
起点終点の特定	**製造作業者情報**
被害拡大の防止	仕掛の品質情報

対話	再発防止
被害者との対話（リスクコミュニケーション）	真因追究の実施
関係者との対話	緊急対策の実施
作業者との対話	恒久対策の実施
	作業者への展開

7　製造物責任

7-16 リスク③ 技術者版BCP

> 事業継続計画（BCP*）は、大規模な自然災害や感染症の流行などの事業継続リスクに対処するための計画であり、業務の中断や被害を最小限に抑え、素早い復旧を実現する方法を示したものです。

● 技術者版BCP

最近では、多くの組織がBCPを策定して、自然災害を含む大災害に備えています。BCPはハザードリスクとオペレーショナルリスクの両方を考慮します。

● ハザードリスクに関与する技術者の役割

1. **自然災害**：自然災害に備えた計画策定において技術者の関与が求められる。
2. **人因災害**：廃棄物や廃材の管理、環境汚染防止に技術者の専門知識が必要である。
3. **事故故障**：設備や電力の故障、火災のリスクに対して適切な対策を講じるために技術者が関与する。
4. **情報システム異常**：システムダウンやサイバーセキュリティ対策に関わる技術者の責務が重要である。

● オペレーショナルリスクに関与する技術者の役割

1. **製品サービス**：製品の品質管理やリコール対策に技術者が深く関与する。
2. **法令・コンプライアンス**：知的財産権や情報セキュリティの管理、法令順守のための取り組みが求められる。
3. **環境**：環境保護や廃棄物処理の規制遵守、環境への影響評価に技術者が貢献する。
4. **作業者労務管理**：労働安全衛生の確保やメンタルヘルスケア、ハラスメント対策に関与する。

＊BCP：Business Continuity Plan

技術者版BCP（リスク3）

リスクの選定・特定	ハザードリスク（筆者主観選定）		オペレーショナルリスク	

リスクの選定・特定

- 戦略リスク
- 財務リスク

経営管理上のリスクのため今回の範囲外

色文字

製造物責任で考慮しなければならないリスク

ハザードリスク（筆者主観選定）

自然災害
- 地震・津波
- 火山噴火
- 台風・大雨
- 異常気象 ／ 疫病蔓延

人因災害
- 違法災害（盛土・河川）
- 廃棄物・廃材
- 環境汚染 ／ 有害生物

事故故障
- 火災 ／ 交通麻痺・異常
- 設備故障 ／ 電力不足
- 停電 ／ 断水 ／ 物流異常
- サプライチェーン寸断

情報システム異常
- システムダウン
- 誤動作 ／ 通信速度遅延
- サイバー攻撃 ／ 悪意集団

オペレーショナルリスク

製品サービス
- 製品の瑕疵
- 作業ミス
- 製造物責任
- クレーム ／ リコール

法令コンプライアンス
- 知的財産権
- 情報漏洩 ／ 情報窃盗
- コンプライアンス

環境
- 環境汚染
- 廃棄物・廃材
- 環境規制強化対応

作業者労務管理
- 安全衛生管理
- 労働災害
- メンタルヘルス
- ハラスメント

7

製造物責任

7-17 リスク④ リスク分析

> リスクの分析は、発生確率、想定被害規模、および対策状況の3つの要素を考慮して行われます。これらの要素の評点を合計し、分析評点を算出することで、リスクの優先度や低減すべき項目を特定します。

● リスク分析法

1. **発生確率**：リスクが発生する確率を評価する。評価の際には、非常に高い（5点）、高い（3点）、中程度（3点）、低い（0点）などの評点を使用する。
2. **想定被害規模**：リスクが発生した場合の被害の規模や影響を評価する。大規模な被害が予想される（5点）、局所的な大きな被害（3点）、限定的な影響（3点）、被害はほぼない（0点）などの評点が使われる。
3. **対策状況**：リスクに対する既存の対策や準備状況を評価する。まったく対策がとられていない（5点）、必要と認識されているが未対策（3点）、対策は進行中（3点）、既に対策完了（0点）などの評点がある。

● 分析評点の活用

　これらの評点を組み合わせて**分析評点**を算出し、高い分析評点ほど高いリスクを示します。リスク分析の目的は、優先順位を決定することであり、絶対的な評価ではなく**相対的な評価**です。誤差や偏りがあっても問題はありません。現場の経験者と技術者の専門知識を結集して行うことが重要です。

● リスクの想定外の出来事

　リスク分析の過程で**想定外の出来事**に対する考慮も重要です。想定外の出来事が起こった場合にも、それに備えることで、より強固なリスク管理が実現されます。リスクは必ず起こるものです。問題は備えているかどうかです。「これは想定外の出来事」とは想定していた人だけが言えるセリフです。

　ここでいうリスクは、労働災害や製造物責任など大きな被害が発生するものだけではなく、品質異常や設備異常などの被害想定が致命的でないものにも適用できます。

リスク分析

| リスクの分析・評価 | 【リスクの分析】

リスク点数	発生確率	想定被害規模	対策状況
5点	いつ起こっても おかしくない	会社に甚大な 被害が及ぶ	対策の検討が されていない
3点	一年以内の起こる 可能性がある	局所的に大きな 被害が出る	対策が必要なことは 認識している
3点	起こる可能性 がある	被害は限定的 である	もう直ぐ対策完了の 予定である
0点	多分発生 しない	多分被害は ない	思いつく対策は 完了している

7
製造物責任

| 【リスクの分析例】

		確率	規模	状況	分析	
OPR>製品瑕疵>ばり	穴開け加工のバリ残存	5点	3点	3点	11点	リスク大
OPR>製品瑕疵>擦り傷	加工時に傷が入る	3点	0点	0点	3点	リスクなし
OPR>製品瑕疵>塗料	禁止薬剤を使用している	5点	5点	5点	15点	リスク極大

分析に漏れがあったり、認識が偏っていても構わない。想定したことが重要。

「想定外の出来事」は想定していて言えること

持続可能な成長

　筆者にとって、**持続可能な成長**という言葉には、多くの感情と経験が込められています。筆者は昭和から令和にかけての会社生活を経験しました。バブル景気からの落ち込み、**臨時休業**も体験したことから、このキーワードに対する深い思いがあります。

　過去にはいくつかの好景気もありましたが、その後の落ち込みやリーマンショック前の大好景気など、経済の波による変動も経験してきました。好景気の際には生産を増やす一方、設備や人材を過度に酷使することがあり、その後に品質異常や設備トラブルが顕在化に悩まされたこともあります。

　一方、不景気の時期には**人員整理**が行われ、生産ラインの半分を協力会社に委託し、人員を半減させる責任を持たなければならなかったこともありました。企業は収益を上げなければなりませんが、同時に良い製品を提供する使命も持っています。しかし、このバランスをうまく取り続けることは容易ではありません。

　「持続可能な成長」とは、ただ単に良い製品を作り続けることだけでなく、企業の存続を支える経済的な側面も含んでいます。持続可能な成長を実現するためには、単なる願望ではなく、**経営の現実**と向き合い、そのためにできることを、労を惜しまずに実行することが必要です。

　持続可能な成長を実現するために、技術者が重要な役割を果たします。技術者は現場で働き、製品やプロセスの改善に取り組むことで、持続可能な成長を支える原動力になります。技術者倫理は、高品質な製品を提供し続けるだけでなく、企業の長期的な存続に向けての努力や責任を担うことも含んでいます。

　皆さんにとって、「持続可能な成長」とはどのような意味を持つでしょうか。

　「持続可能な成長」と技術者倫理をどのように結びつけていくか考えてみてはいかがでしょうか。技術者には、企業の存続と成長を支えるために、技術者としての役割を果たしていく自覚が求められています。

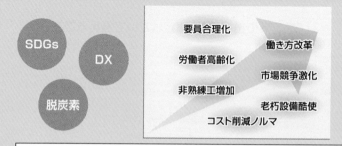

SDGs　DX　脱炭素

要員合理化
労働者高齢化
非熟練工増加
コスト削減ノルマ
働き方改革
市場競争激化
老朽設備酷使

持続可能な成長の舞台裏（現場作業者・技術者の心象風景）

第 **8** 章

製造工程責任

　製造工程責任は、技術者倫理の範疇であまり語られて
こなかった分野です。製造工程責任は、品質管理やコス
ト改善、異常管理などノウハウが中心となる領域であり、
外部に公にすることをためらったためかもしれません。

　技術者の仕事は、外部から見ると目に見えにくい側面
が多く、個々の倫理観に支えられています。その中でも、
特に見えにくいのが製造工程責任です。

　作られる製品は、「標準的に作られている」「設計通りの
仕様に従っている」はずです。しかし、この「はず」は、
製品のばらつきを排除し、検査と品質保証、異常管理を
通じて維持されています。要するに、技術者の製造工程
責任に対する倫理観が、製品の機能と品質を確保してい
るのです。本章では、これまで別々に議論されてきた品
質、安全性、倫理を統合して論じます。

製造工程責任概要

製造工程責任は、ものづくりの最前線に関わる技術者が担うべき重要な責務です。主に品質管理、検査保証、標準化、異常管理の4つの要素で構成されます。

● 品質管理

品質管理は、PDCA*の改善サイクルを回すプロセスです。品質管理には、品質設計業務、品質の実績追跡、改善活動などが含まれます。品質管理は、QCツールを使用して実施され、製品やプロセスの品質を向上させます。

● 検査保証

検査保証は、製品の品質を検査し、出荷の可否を判断する工程です。顧客に信頼性のある製品を提供するための最終工程です。適切な検査基準と検査員の適格性を持つことが重要です。しかし、技術倫理の面では、検査保証は違反行為が発生しやすく、その違反が隠蔽されることもあります。

● 標準化

標準化は、製造工程を可視化するための取り組みです。まず、規格適合性を明確にし、業務の統一を図ります。標準化によって、効率的な作業が実現されます。**教育訓練**や**ヒューマンエラー防止活動**は、業務の標準化とスキル向上をサポートします。

● 異常管理

異常管理は、個人の判断が影響する業務であり、技術者倫理が最も求められる領域です。不適合品の管理、異常検知、異常状況の対処、異常管理の体制を整えることで、規格外の製品が流出するのを防ぎます。異常管理は標準化が難しく、技術者のスキル、経験、製品の特性によって処理が異なることがあります。

＊PDCA：Plan-Do-Check-Act

製造工程責任概要

品質管理

Plan

改善サイクル

Act

Do

Check

QC道具　　最新技術

DL、AI、IoT、BI、BigData

標準化

規格適合性
- 上位標準包含関係
- 作業検査の定期的なモニタリング

教育訓練
- スキルマップ
- OJT活動
- OffJT活動

標準化活動
- 標準作業設定
- ムリムダムラ低減

ヒューマンエラー防止活動
- ヒューマンファクター
- リスクマネジメント
- ヒューマンエラー対策

製造工程責任

8
製造工程責任

検査資格
- 検査員有資格者
- 検査技量認定
- 検査継続研鑽

検査基準
- 妥当な検査基準
- 検査基準のトレーサビリティー

検査適正
- 検査場所　・検査頻度　・検査精度

検査組織
- 検査結果保証制度
- 不正行為防止　・教育訓練・認定制度

検査保証

不合格材の流出防止
- 不合格材の識別分離
- 移動禁止
- 出荷停止

異常検知
- 品質管理の変化点検知
- 異常発生監視　・検査工程からの情報

異常嫌疑材の処置
- 嫌疑材から確定材へ
- 処置方法の決定　・処置作業の確認

異常管理体制
- 責任者の標準化　・処置方法の標準化
- 処置実施結果確認

異常管理

品質①
品質とは何だろう

> 品質管理、品質保証、品質改善、品質悪化、品質基準など技術者の仕事には品質があふれかえっています。品質はものづくりの命であり、競争力の源泉です。では、ここで技術者の皆さんに質問です。新幹線の品質とは何ですか？

● 品質とは何だろう

新幹線の品質とは何でしょう？ スピードでしょうか、快適な乗り心地でしょうか、料金の安さでしょうか、それとも安全性でしょうか。これらの指摘はどれも妥当ですが、スピードなら飛行機の方が早いですし、快適性ならば豪華列車もあります。

品質の概念は多くの先駆者によって提唱され、**ねらいの品質**、**できばえの品質**、**当たり前の品質**、**魅力的な品質**、**一元的品質**、**無関心な品質**、**逆評価の品質**などが存在します。では、**新幹線の品質**とは具体的には何でしょうか。

● 品質に苦情が出る場合

新幹線に乗った場合、通常は予定時間通りに目的地に到着します。これは当たり前のことです。でも、2分遅れたらどうでしょう。まだ許容できる範囲かもしれません。しかし、新幹線が毎回遅れるようになったらどうでしょうか。人々は「最近、新幹線の品質が落ちてきた」と感じるでしょう。

● 品質とはばらつきを意味する

要するに、到着時刻の遅延のばらつきが大きくなると、品質が低下したと考えます。同様に、不良品の数や製品の寸法がばらつくと、「品質が低下した」と捉えます。つまり、顧客にとっての品質は**ばらつき**を指します。新幹線の特徴である「到着時間のばらつき」が品質と関連しています。

品質の指標を筆者は**特性値**と呼びます。特性値には必ず分布が存在します。これによって、品質を計測し把握できます。また、特性値は自分で制御できる指標であることも特徴です。一方で水温や気圧は特性値にはなりません。

新幹線の品質とは

品質とはなんだ？

新幹線	製品の寸法	コイル欠陥

品質はばらつきを意味する

ばらつき？

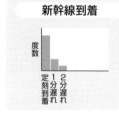

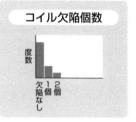

ばらつきが大きいと
「品質が悪い」

ばらつきが小さいと
「品質が良い」

品質＝特性値のばらつき

新幹線品質	製品の品質	コイル品質
・到着時間のばらつき ・気になる騒音や振動 ・座席のダブルブッキング	・厚み・幅・長さのばらつき ・有害欠陥の個数 ・有害物質の検出	・コイル内疵個数のばらつき ・コイル内・コイル間の材質 ・形状のばらつき

> 品質は、製品の特性値のばらつきを改善することによって向上すると捉えられます。品質改善は分散値を小さくすることを指します。では、ここで問題提起です。「品質を良くするとコストは上がる」という文の正誤を考えてみてください。

● 品質を良くするとコストは上がる？

製造現場ではよく、「品質を向上させようとするとコストがかかる」という議論がなされます。品質の特性値には上下限値が設定されており、これを超えると不合格となったり手直しの対象となったりします。

特性値の分布をそのままに、特定の範囲のものだけを合格させようとすると、不良品の排除が増え、コストが上昇します。また、分布を狭めるためには工程の改善や高級な原料の使用が必要になり、これもコストを引き上げる要因となります。

この文脈での品質とは、現在のばらつきの分布の特性値を指します。しかし、このアプローチは「基準を外れたものはリジェクトして良いものだけを出荷」「分布を変えることはプロセスコストが増える」という固定観念に基づいています。

● 品質を良くするとコストは下がる？

品質はばらつきを意味します。ばらつきを減少させれば不良品の排除が減り、コストが削減されます。したがって、「品質を向上させるとコストが下がる」というのは、従来の考え方とは逆の主張です。

確かに、ばらつきを削減するためにはコストがかかる場合もありますが、同時に不良品の排除コストが減少するため、全体としてコストの削減が達成できる可能性があります。作業や素材、設備のばらつきを減少させる工夫をしながら、特性値の品質の結果をフィードバックし、品質とコストの双方を改善する方法です。

「君は、現場の実態を知らないからそんな理想論を言えるのだ」という声も聞こえてくるかもしれません。しかし、その現場の実態を改善するのは誰の責任でしょうか。技術者は開き直るのではなく、品質の向上とコストの削減の責務に向けて取り組むべきです。少なくとも筆者はこう信じて技術者をやってきました。

品質を良くするとコストが……、2つの道

一般的に言われていること

このテキストでの主張していること

品質を良くする

品質を良くする

コストがかかる

コストが下がる

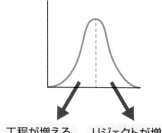

ばらつきを
小さくする

工程が増える　リジェクトが増える

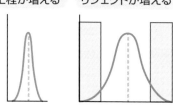

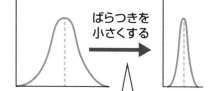

・作業のばらつきを減らす
・素材のばらつきを減らす
・設備のばらつきを減らす
・適切にフィードバックをかける

製造工程責任のテーマは
ばらつきを減らす

8 製造工程責任

COLUMN　**法律に書いてあるか？**

　「マスクをしろと法律に書いてあるのか」。今や記憶の片隅に追いやられたフレーズですが、「法律は守るが、それ以外は俺の好きにする」といった堂々たる個人人権宣言には、清々しささえ覚えました。

　でも、法律に書いていないことはたくさんあります。たとえば、道路交通法には「車は前に向かって走るように」とは書いてありません。だからといって、バックで走る人はいませんし、バックで走って事故でも起こせば、ちゃんと罪になります。「どこに書いてある」というのは、小学生の口ゲンカです。「法律に書いていないことはやってもよい」などとは、「法律には書いてありません」。

8-4 品質管理① 品質管理

前節までで品質は「ばらつき」であるとしましたが、品質管理とは何でしょうか。それは、「特性値（ばらつきを管理する指標）を目標範囲内に納めるための方法」と定義できます。以下では、的を射る操作を例に、品質管理の詳細について説明します。

● 特性値の制御方法

特性値を目標範囲に制御するためには、2つのアプローチが考えられます。

1. ばらつきを小さくし、平均値を微調整して目標範囲に入れる方法。
2. 平均値を目標に近づけ、その後ばらつきを狭めて目標範囲に制御する方法。

通常は、2段階のアプローチを組み合わせて特性値を制御します。最終段階では、目標範囲に特性値を制御しながら、ばらつきと平均値を同時に調整します。注意深く操作しないと、ばらつきや平均値が予期せず変化することもあります。

このような特性値のばらつきと目標を制御する方法が、品質管理の核心です。

● 不合格を減らす方法

不合格は、特性値のばらつきが上下限を超えたときに発生します。たとえば、上限の規制値が設定されている場合、平均値を下げることで不合格率を低下させることができます。ただし、平均値を変更する操作は生産全体に影響を及ぼすため、高コストな操作になる場合もあります。

別の方法として、上限の規制値を変更して同じ分布内で不合格を減らすアプローチもあります。つまり規制の緩和です。ただし、これにより過去の不合格品が出荷されることになり、顧客の満足度は低下する可能性があります。

分散を小さくして不合格を減らす方法は、品質改善の基本的なアプローチです。不合格のロスとばらつき制御のコストを比較して判断し、ばらつきを小さくする方法を採用することが多いです。一般的には、平均値を変更せずにばらつきを削減できる場合、**品質改善が成功**したと見なされます。

164

特性値の制御方法

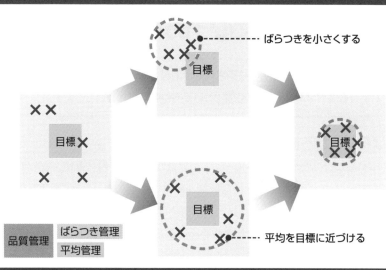

ばらつきを小さくする

平均を目標に近づける

品質管理	ばらつき管理
	平均管理

不合格を減らす方法

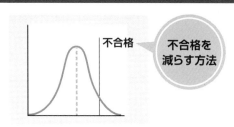

不合格を
減らす方法

従来の不合格ロス
とプロセスコストの
比較で判断する。

従来の不合格ロスとばらつき制御のための
工夫コストの比較で判断する。

平均値を変化させる

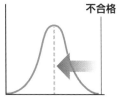

プロセスコストがかかる
場合が多い。

分散を小さくする

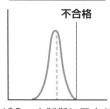

ばらつき制御に工夫が
必要になる

閾値を変化させる

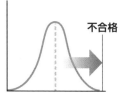

これまで不合格のものが
使われるためパフォーマ
ンス悪化

8
製造工程責任

8-5 品質管理②
安全安心・品質・技術者倫理

> 本節では、「安全安心・品質・技術者倫理は同根である」という考え方を紹介します。安全と品質と倫理は「ばらつきの管理」という同じ要素を共有しています。

● ばらつきが不都合のもと

　技術者倫理は、技術者が取り扱う技術に関連する倫理を指します。その中で、「不都合な事実を知った際にどのような態度を取るべきか」という点が重要です。技術者の間でこの態度が一貫していないと、問題が生じる可能性があります。問題を深刻に受け止める一方で、他の人が無視することで、倫理違反が発生する可能性があります。

　安全安心もまた、品質管理の一貫であり、特に製造安全に焦点を当てて論じられます。技術者が指示する「作業指示書」は、作業者の安全を確保するための重要な文書です。たとえば、トレーラーの運転席から降りる作業を考えてみましょう。運転席が高い位置にあるため、踏み台を使って地面に降りる必要があります。しかし、作業者が踏み台から転落してしまう事故が発生することがあります。この場合、作業者の足を下ろす位置のばらつきを考慮していなかった可能性があります。ばらつきが大きくなると、危険な状況が生じやすくなります。

　品質は、製造工程において極めて重要な概念です。なぜなら、製品が所定の仕様に合致していることが品質の良い製品の基本条件だからです。品質のばらつきが大きくなると、品質異常が発生して、製造物責任に関わる大きな問題が発生する可能性があります。

● 倫理・安全・品質の三位一体

　安全、品質、技術者倫理のいずれも、ばらつきが拡大することでリスクが高まり、許容範囲を逸脱すると倫理違反、労働災害、不合格などの問題が発生する可能性があります。これらの概念は、密接に関連しており、同じ手法で取り組むことが重要です。

　この**三位一体の関係**については、以降で詳しく解説します。製造工程責任に焦点を当てながら、品質に関する説明を通じて、安全、品質、倫理がいかに密接に結びついているかを紹介していきます。

倫理・安全・品質は同根

安全安心＝労働災害	品質管理	技術者倫理
・作業のばらつきを減らす ・設備のばらつきを減らす ・適切にフィードバックをかける	・作業のばらつきを減らす ・素材のばらつきを減らす ・設備のばらつきを減らす ・適切にフィードバックをかける	・判断のばらつきを減らす

足の位置がばらつき、踏み台を外れると転がり落ちる労働災害

合格範囲

品質事故
クレーム
リジェクト不合格

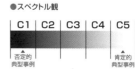

●スペクトル観

| C1 | C2 | C3 | C4 | C5 |

否定的
典型事例　　　　　　　　　肯定的
　　　　　　　　　　　　　典型事例

どこまでが許容範囲か
不透明

8
製造工程責任

「ばらつきを少なくする」でくくれる

倫理・安全・品質三位一体論

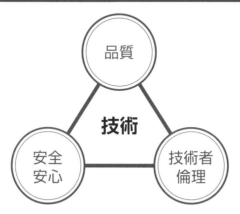

3者が同根だと認識するともの作りの姿が見えてくる

品質管理③
品質管理サイクル

> このセクションでは、品質管理活動のサイクルとその方法、品質管理の手法について説明します。

● 品質管理活動サイクル

品質管理活動は、通常の**PDCAサイクル**で行います。このアプローチは標準化を重視しています。誰が行ってもばらつきの小さい作業を行えるようにするために、作業手順書を作成し、作業者に教育訓練を行います。

> 1. P（Plan）：管理計画を立てる。
> 2. D（Do）：管理計画を実施する。
> 3. C（Check）：品質を評価し、実績を確認する。
> 4. A（Act）：問題や課題を改善するために行動する。

また、PDCAサイクルにマテリアル（材料）、マシン（設備）、メソッド（方法・標準）、マン（作業者）、メジャメント（計測）、ジグ（工具）、パーツ（資材）の管理要素を組み合わせた**5M1JP手法**でばらつきを小さくします。

● 品質管理方法

品質管理の方法は多岐にわたり、現場に密着した小集団活動や全社的な品質管理などがあります。**総合的品質管理**（TQC）は、単一の工程だけでなく複数の工程を統合して品質管理を行い、製品品質を全体的に向上させるアプローチです。

品質管理手法の選択肢は多く、企業や組織により異なる考え方や手法が選ばれます。品質管理の世界ではさまざまな手法が提供されていますが、現場で本当に役立つと実感できる手法を選択することが重要です。たとえば、**品質はばらつき**という信念のもと、ばらつきの分布を可視化し、ばらつきを減少させることで品質を向上させる方法を選ぶこともあります。品質管理は、日々の情報を基に、ばらつきを認識し、そのばらつきを改善し続ける取り組みです。

品質管理サイクル、5M1JPとPDCA

品質管理

改善サイクル

Plan → Do → Check → Act

QC道具　　最新技術

DL、AI、IoT、BI、BigData

現場技術者は品質管理をどう考えるか？

安全第一

安全は全てに優先する。

総合的品質管理
(TQC=Total Quality Control)

製造工程だけではなく、研究開発か販売、アフターケアまで品質管理思想を持ち込む

5M1JP

PDCA＋Material、Machine、Method、Man、Mesurement、Jig、Partsを管理して製品品質のばらつきを小さくする

講師、団体の数だけいろんな考え方を提供する

筆者の(ライン長を踏まえた)ご提案

PQCDSME を優先する。

P＝生産、Q＝品質、C＝コスト、D＝輸送、S＝安全、M＝モラル、E＝環境

なんだ、全部かよとお思いのあなた、正解です。実際現場では優先順位などつけられません。全てが「優先」します。

ただし、全部を並行して走らせるのではなく、そのタイミングで必要とする項目に全力で取り組みます。現場技術者がどれかの優先順位を上げたり下げたりなどできません。

8

製造工程責任

8-7 品質管理④ PQCDSME

> 「安全第一」という標語があります。安全は何事にも優ります。じゃあ次は何だと現場実務を担当している技術者は言いたくなります。安全第一のために、生産性が落ちても、収益が確保できなくてもいいのでしょうか。優先順位議論には本音と建前が入り混じります。本節では、PQCDSMEという概念について説明します。

● 製造現場での優先順位

安全第一という言葉は広く知られており、安全は最も重要な原則とされています。しかし、製造現場では生産性の向上や収益の改善も求められます。こうした優先順位の議論には、本音と建前が交錯することがあります。技術者は、安全と生産性やコスト削減の間で葛藤を感じることがあります。

● PQCDSMEとは

PQCDSMEは、生産（Product）、品質管理（Quality Management）、コスト（Cost）、納期（Delivery）、安全（Safety）、技術者倫理（Moral）、環境管理（Environment）という要素を統合的に考えるアプローチです。これにより、製造工程やビジネス活動の中で、これらの要素をバランスよく重視して取り組むことを目指します。

● PQCDSMEの視点と理念

PQCDSMEの視点に基づくと、安全は危険を回避することによって達成されます。危険は作業のばらつき（品質）によって生じ、その結果として労働災害や品質異常、倫理違反が発生する可能性があります。安全は、各々のばらつきが大きくなってこれらの問題が発生しないようにすることを指します。

PQCDSMEのアプローチに基づくと、優先順位は特定の要素に偏るのではなく、安全、品質、生産性、納期、人間、環境をバランスよく考慮しながら活動することが重要です。技術者倫理と生産活動が中心となり、品質管理、コスト、納期、環境管理が支える柱として位置づけられます。

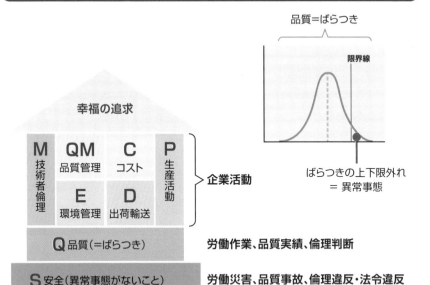

PQCDSMEの要素とアプローチ

8
製造工程責任

リアルに話すと記憶に残る

技術者倫理を知ってもらうためには、その実態を生々しく語ることが効果的です。といっても、いきなり技術者倫理ではなく、災害について生々しく語ってみます。筆者が聞いたり、体験したりした出来事です。

まずフッ酸の話からです。「フッ酸は体を腐食させるので、必ずゴム手袋をして扱います。あるとき学生が、ゴム手袋のピンホール検査をせずにフッ酸を扱っていました。手袋の小さなピンホールから染み込んだフッ酸は、指から体内に浸透し、激痛を走らせました。フッ酸の浸透は骨にまで達し、骨は緑色に変色しています。学生は病院に担ぎ込まれ、指の骨をナイフでゴリゴリ削られて、ようやく浸透は止まりました」。どうです、皆さん痛みは感じられたでしょうか。これが生々しい伝達方法です。今後絶対に事前のピンホール検査は省略しませんよね。

では、もう一つ。「指の骨の折れる音をお聞かせします」——こう言って、手袋をはめた自分の人差し指をへし折ります。ボキっと鈍い音がします。もちろん、手袋の中には割り箸が入っています。この音が骨の折れる音です。柔道で人の骨を三度折って、骨折音を聞いた経験のある筆者が言うのですから間違いありません。足はボキボキでした。

8-8 標準化① 標準化

> 標準化は、人の作業を整え、失敗リスクを減らし、製品の品質 (ばらつき) を低減させることができます。標準化は、その作業の規格適合性を確認し、集中して設定作業を行い、教育訓練と継続的なヒューマンエラー防止活動を継続する活動です。

● 標準化の目的と期待効果

標準化は、作業の整備を通じて人の作業を均一化し、失敗リスクを減少させ、製品の品質 (ばらつき) を低減することを目指す活動です。作業のばらつきが製品の品質に影響を及ぼすため、標準化は重要な手段とされています。標準化は、作業内容を文書化し、教育訓練を通じて従業員に伝えるプロセスも含みます。

作業の均一化により、作業のばらつきが低減されることで、製品の品質のばらつきも減少する可能性があります。標準化の効果として、人の作業のばらつき低減と失敗リスクの削減が期待されます。

● ばらつきの概念

ばらつきは、2つの観点から説明されます。**トヨタ生産方式**では「無理 (作り過ぎ)」「無駄 (未達、販売機会の損失)」「ムラ (無理、無駄の連鎖)」という概念で示されます。これらを**平準化**することで、効率的な生産が実現されます。

また、部品メーカーや素材メーカー、薬品メーカーなどの場合、大量の製品を扱う際のばらつきを分散や平均値の管理によって理解することができます。

● 失敗リスクの減少

失敗は必ず弱点を突いて発生する可能性がありますが、ヒューマンエラー防止対策やリスクマネジメントを通じてそのリスクを軽減できます。**スイスチーズセオリー**になぞらえて、穴がたくさん開いたチーズがあるとし、どれだけ重ねても穴が貫通する箇所があると説明されています。つまり、適切な対策を講じない限り、穴のある状態が続き、必ず失敗が起こり得ることを意味しています。**天井の雨漏り**も同様で、雨漏りが起こる可能性のある場所をすべて封じなければ雨漏りは止まりません。

標準化

標準化

規格適合性

- 上位標準包含関係
- 作業検査の定期的なモニタリング

教育訓練	標準化活動
・スキルマップ ・OJT活動 ・OffJT活動	・標準作業設定 ・ムリムダムラ 　低減

ヒューマンエラー防止活動

- ヒューマンファクター
- リスクマネジメント
- ヒューマンエラー対策

人の作業を整える

標準整備

教育・訓練

OJT
OffJT

誰がやっても同じ作業

失敗リスクを減らす

- ハインリッヒセオリー
- リスクマネジメント
- ヒューマンエラー

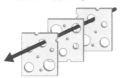

スイスチーズモデル ＊
（雨漏りモデル ＝ 筆者造語）

目的

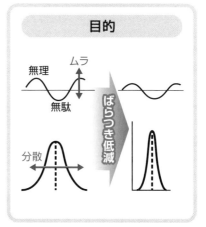

8

製造工程責任

＊**スイスチーズモデル**：英国の心理学者リーズン氏が提唱した、穴が開いているスイスチーズを安全管理に例えたモデル。スイスチーズは一つひとつの穴の位置や形が異なるので、一つのスライスならば穴に棒が通せても、複数重ねると通せない。安全対策では、一つの対策だけでは安全は保証されないが、複数の対策をとることで保証できるというもの。「雨漏りモデル」は、このモデルに疑念を持った筆者が作った造語。災害は棒ではなく雨水のようなもので、いくら穴の空いた対策を重ねても、必ずその穴を伝って漏れてくるのではないかとの疑念である。

8-9 | 標準化②
ハインリッヒ問答集

世の中さまざまな誤解がありますが、労働災害に関するハインリッヒの法則はその最右翼かもしれません。1件の重大災害の影に、29件の軽微な災害があります。重大災害を防ぐには、ヒヤリハット件数を減らしましょう――。これ、不思議に思いませんか？

● ハインリッヒの法則とは

ハインリッヒの法則は、「1件の重大災害の影に、300件のヒヤリハットがある」とする考え方を指します。この法則によれば、労働災害を防ぐためには、ヒヤリハット（危険を感じる状況）を減少させることが大切だとされています。

● ハインリッヒの法則への疑問

この法則に従うと、労働災害の背後には多くの**ヒヤリハット**が存在することになります。つまり、労働災害は、ヒヤリハットから派生して発生する可能性があるという考え方です。このため、ヒヤリハットを把握し、その対策をとることで、労働災害の発生リスクを低減できるとされています。ですから、ヒヤリハット事例を集め、その対策を「自分たちの工程で発生しないように注意」することに時間を割きます。

● ハインリッヒの言っていること

ハインリッヒが述べているのは、1人の労働者の話です。「労働者が3万回同じ作業をすると、300回あやうく怪我をしそうになります。そして29回の軽微な怪我をし、1回の大怪我をするものです。あらゆる対策をとるなんてできません。ですから、怪我をさせないことだけを考えて対策をとるべきです」。

彼が言っているのはすごく常識的なお話です。ヒヤリハットの件数を減らせば災害がなくなるなどと彼は述べていません。ヒヤリハットの件数が減るのは対策の結果の集計に過ぎません。彼の提唱は、「労働災害のドミノの駒を外す」でした。

ハインリッヒの災害の比率の記述は、筆者が**労働災害**は作業のばらつきが引き金だという主張と同じです。踏み台のないところに足を下ろすと災害になります。作業にはばらつきがあることを認め、「ばらついても踏み外さない対策」をとるべきです。

174

ハインリッヒの法則に関する考え方

●ハインリッヒの法則を活かす

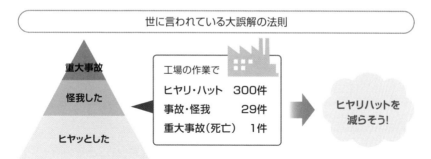

世に言われている大誤解の法則

重大事故

怪我した

ヒヤッとした

工場の作業で
ヒヤリ・ハット　300件
事故・怪我　　29件
重大事故（死亡）　1件

ヒヤリハットを
減らそう！

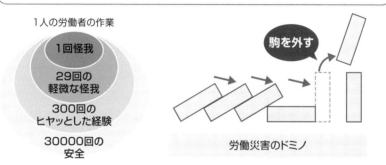

ハインリッヒが提唱した労働災害

1人の労働者の作業

1回怪我

29回の
軽微な怪我

300回の
ヒヤッとした経験

30000回の
安全

駒を外す

労働災害のドミノ

技術者倫理的なリスク低減策

設計・計画段階	**研究者倫理** 「駒を外す」を 考え尽くしたか	管理的対策 （標準化）	**製造工程責任** ヒヤリ件数低減が 対策になっている
工学的対策		個人保護具 （防止措置）	

技術者倫理では、技術者しか知り得ないリスクを察知した時、
公共の福祉・安全を最優先する無限責任がある

8-10 標準化③
標準化で標準作業ができるか?

標準がなければ、何を守ればいいのか不明なので、作業標準、安全標準の整備は重要な仕事です。しかし、往々にして標準作成で力尽き、それを配布して、「あとは読んでおいてください」になっている場合も多いように感じます。

● 標準作業の整備

標準作業や安全標準を整備することは、作業の一貫性を保ち、品質の向上や安全確保に寄与します。これは特に配置転換者や新人などの労働者が円滑に作業を行うための重要な要素です。ただし、標準作業を単に整備するだけでなく、実際の運用においても意義のある活用が求められます。

● 標準作業の目的

標準作業を整備する目的には、作業の一貫性を確保することだけでなく、事故対応のための準備や説明責任を果たすことも含まれます。標準作業は、事故や不都合が発生した際に、適切な説明や対応を行うための手段としても機能する可能性があります。

● 守れない標準

一方で、実際には標準作業を守れない場合も多々あります。これには複数の要因が影響しています。作業者自身の倫理的行動やモラルの崩壊が影響するケースもあります。また、実際の作業現場では標準違反や保護具未着装が発生することがある一方で、それに対する理由や背後にある問題も考える必要があります。

● 技術者倫理との関連

標準作業が守られない理由として、技術者倫理にも問題が影響している可能性があります。**守りづらい標準**を作成したり、作業者に適切な教育やトレーニングを提供しなかったりすることで、標準作業の実践が困難になることがあります。

標準化において実際の作業の守りづらさや課題がどのように影響するか

●「標準化」で「標準作業」ができるか？

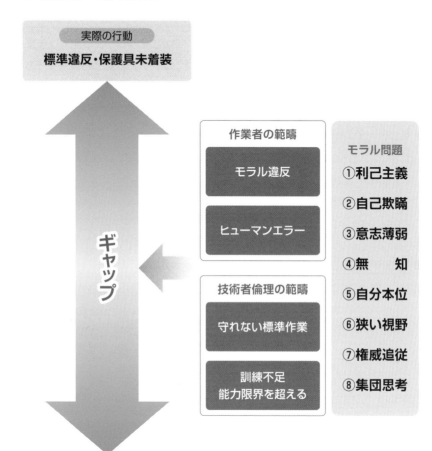

8-11 標準化④
人が間違う原因

人が間違う原因を、ヒューマンエラーとヒューマンファクターから見ていきます。ヒューマンエラーは眼に見える失敗です。ヒューマンファクターは、潜在的現象であり、表に見えるヒューマンエラーの真の原因と言えます。

● ヒューマンエラーとヒューマンファクター

ヒューマンエラーは、直接目に見える失敗行動を指します。たとえば、「間違ったボタンを押す」「間違った数字を入力する」などの明確な行動のミスです。一方、**ヒューマンファクター**は、これらのヒューマンエラーの背後にある潜在的な要因や状況を指します。これは通常は目に見えず、見えない水面下の要因です。

● ヒューマンファクターのSHELLモデル

ヒューマンファクターは、**SHELLモデル**として表現されることがあります。このモデルは、4つの要素から成り立っています。H(ハードウェア)は機器や設備などの環境要因、S(ソフトウェア)は手順書や標準などの情報要因、E(エンバイロメント)は温度や湿度、職場の環境要因、L(ライン)は同僚や関係者などの社会的要因です。これらの要素がヒューマンエラーに影響を与える可能性があります。

● ヒューマンエラーの12個のパターン

ヒューマンエラーは、12個の原因類型に分類されます。これにはモラル的な原因だけでなく、加齢や疲労などの肉体的な原因も含まれます。年齢を重ねると肉体的な機能低下があるため、作業のミスが増える可能性があります。また、錯覚、不注意、省略行為、近道行為などの行動特性も挙げられます。特に**近道行為**や**省略行為**は、ヒューマンエラーの主要な要因とされています。

178

ヒューマンエラーやヒューマンファクターの分類

ヒューマンファクターとヒューマンエラー

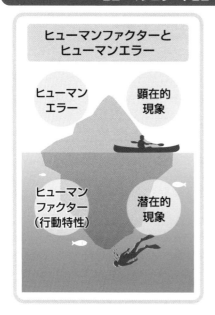

ヒューマンエラー

顕在的現象

ヒューマンファクター（行動特性）

潜在的現象

ヒューマンファクター（SHELLモデル）

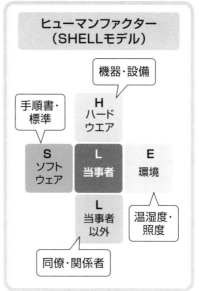

機器・設備

手順書・標準

H ハードウエア

S ソフトウェア

L 当事者

E 環境

L 当事者以外

温湿度・照度

同僚・関係者

ヒューマンエラーの12個のパターン

無知・経験不足不慣れ	危険軽視慣れ	不注意
連絡不足	集団思考	近道行動省略行為
本能的行動	パニック	錯覚
機能低下加齢	疲労困憊	意識不鮮明

人間の行動特性

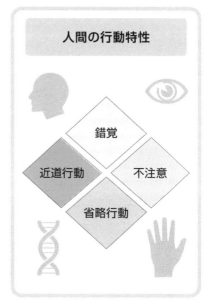

錯覚

近道行動

不注意

省略行動

ヒューマンエラー

ヒューマンエラーと行動・実行の関係を、「すべき行動をしない」オミッションエラーと「すべきでない行動をする」コミッションエラーから見ていきます。人間のエラーには単純なものは少なく、原因不明のものが数多くあります。

●ヒューマンエラー条件

ヒューマンエラーが発生する条件は、まず誤った行動が行われ、その結果が目標とは異なる結果になる場合です。

しかし、そのような結果を意図的に引き起こす意思はなかった場合に限り、ヒューマンエラーと見なされます。ただし、結果が良好な場合にはエラーに気づかず、見逃されることもあります。

意図して不都合を生じさせるのは、テロや愉快犯・迷惑行為です。あおり運転や爆弾予告や線路の置き石などは犯罪であり、ヒューマンエラーではありません。また、あえて標準を守らない行為も同様です。

●ヒューマンエラーの要因

ヒューマンエラーの要因は、主に2つに分類されます。一つは**スリップ**、**ラプス**と呼ばれる過失的なエラーであり、もう一つは**ミステイク**と呼ばれる意図的なエラーです。ミステイクが起きると、同様の被害が繰り返し発生しても、それを繰り返すこと自体がエラーとなります。

●過失的なエラーの要因

1. **過失的なエラー**：認知、判断、行動の3つの要因によって生じる。
2. **認知のエラー**：間違った情報の認識や理解不足によって生じる。
3. **判断のエラー**：適切な判断を下せないことによって生じる。
4. **行動のエラー**：意図的な行動やスキル不足などによって生じる。

ヒューマンエラーが発生する条件や要因

エラーと行動の関係

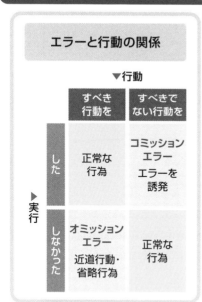

ヒューマンエラーの必要条件

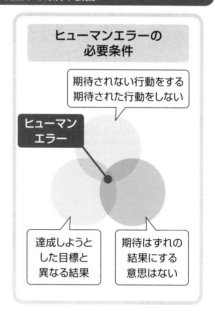

ヒューマンエラーの発生要因別分類

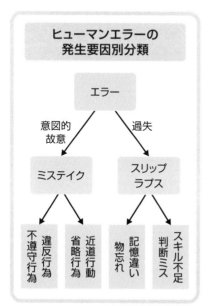

ヒューマンエラーの人的要因別分類

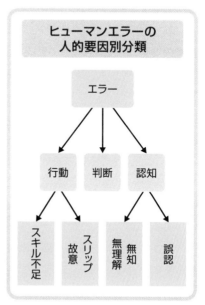

安全対策

本節では、設計段階での本質安全と使用段階での機能安全の概念、そしてフェイルセーフとフールプルーフの安全対策の考え方について説明します。リスクを排除できた状態が安全です。

● 本質安全

本質安全は、設計段階でリスクを排除するためのアプローチです。初期の設計段階で、さまざまな使用環境や環境変化を考慮し、安全性を高めるような設計を行うことで、確定設計を作り出します。本質安全の考え方を欠いた設計は、使用時の安全対策が頼りにされ、使用時の負荷が増大する可能性があります。

● 機能安全

機能安全は、設備や装置の使用段階におけるリスクを排除するためのアプローチです。機能安全には「機能の安全」と「機能による安全」の2つの側面があります。

機能の安全は、設備や装置の機能によって引き起こされる危険を防ぐ仕組みです。**機能による安全**は設備や装置が危険な状態にならないようにするための仕組みを指します。

● フェイルセーフとフールプルーフ

フェイルセーフとフールプルーフは、設備や装置の安全対策の考え方です。

フェイルセーフは、ミスや異常が起こりかけると自動的に停止して人命を守る仕組みを指します。たとえば、ドアが異常を検知した場合に自動的に停止する仕組みなどがあります。

フールプルーフは、順番や手順によって危険が起こらないように設計する仕組みを指します。これにより、人間のミスが起きても危険が最小限に抑えられます。たとえば、特定の手順を踏まないと装置が作動しないような仕組みなどがあります。

安全対策

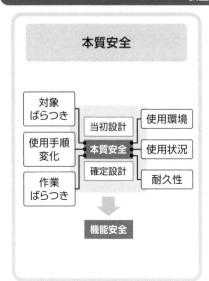

本質安全

対象ばらつき
使用手順変化
作業ばらつき
当初設計
本質安全
確定設計
使用環境
使用状況
耐久性

↓

機能安全

安全＝本質安全＋機能安全

本質安全　安全　機能安全

設計段階でリスク排除

使用段階でリスク排除

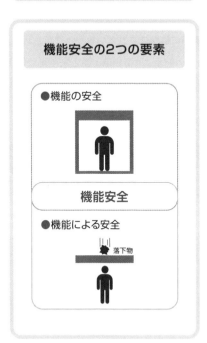

機能安全の2つの要素

●機能の安全

機能安全

●機能による安全

落下物

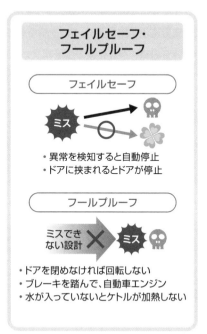

フェイルセーフ・フールプルーフ

フェイルセーフ

ミス

・異常を検知すると自動停止
・ドアに挟まれるとドアが停止

フールプルーフ

ミスできない設計　✕　ミス

・ドアを閉めなければ回転しない
・ブレーキを踏んで、自動車エンジン
・水が入っていないとケトルが加熱しない

検査①
検査保証

検査保証は、製造工程責任の３つ目の責務項目です。検査は、不正が発生しやすい工程です。本節では、検査保証の概念と検査不正がなぜ起こるのか、モラルハザードの原因について説明します。

● 検査保証

検査保証は、製造工程の責任の一環として、製品が規格要求を満たしているかどうかを検査によって確認し、保証する以下に示す４つの要素で成り立ちます。

1. **検査資格**：検査員が適切な資格と技量を持ち、継続的な研鑽で担保する。
2. **検査基準**：妥当な検査基準が設定されており、そのトレーサビリティが確保されていることが重要である。
3. **検査適正**：検査場所、頻度、精度などが適切に標準化されているかが確認される。
4. **検査組織**：検査結果の保証制度や不正行為の防止、教育訓練・認定制度が整備されていることに注目する。

● 検査不正の原因

検査は人が行うため、検査不正の技術者倫理違反が発生する可能性がある工程です。検査不正は、規格の合否に限らず、検査をせずに合格扱いすることも含みます。

検査員が検査不正を行う原因は、以下のような要因を考える必要があります。

1. **モラルハザード**：検査員が合格することで何かしらのメリットを得ることができる場合、検査不正の誘因となることがある。たとえば、時間を節約するため、サンプルの数を減らしたり採取しなかったりするなどが考えられる。
2. **人員不足と教育不足**：検査員の人数不足や適切な教育が行われていない場合、検査の品質や適正が保たれず、ミスが生じやすくなる。
3. **製造現場との認識差**：検査は製品を生み出す工程ではなく、付属工程として扱われることがあり、人員配置や環境整備が後回しになることがある。
4. **時間と労力の節約**：検査に充てる時間や労力が限られている場合、手間を惜しむことで検査の品質や意識が低下することがある。

検査保証の概念と検査不正の原因

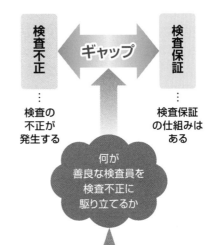

検査保証

検査資格
- 検査員有資格者
- 検査技量認定
- 検査継続研鑽

検査基準
- 妥当な検査基準
- 検査基準のトレーサビリティー

検査適正
- 検査場所 ・検査頻度 ・検査精度

検査組織
- 検査結果保証制度
- 不正行為防止
- 教育訓練・認定制度

技術者倫理違反が発生しやすい工程

検査不正 ←ギャップ→ 検査保証

検査の不正が発生する … 検査保証の仕組みはある

何が善良な検査員を検査不正に駆り立てるか

8
製造工程責任

検査不正	モラル問題	モラル問題原因
無資格検査	①利己主義	勿体無い
検査結果偽造	②自己欺瞞	歩留改善
未実施合格	③意志薄弱	検査人数不足
規則外計測法	④無　知	検査教育不足
技量認定不正	⑤自分本位	環境の変化
規定外検査場	⑥狭い視野	製造物の変化
検査頻度違反	⑦権威追従	手間を惜しむ
不合格品処置	⑧集団思考	技能伝承不足
検査人数不足		検査意識欠如
…		

本節では、異常管理の概念とプロセスについて説明します。異常管理は、異常検知、不合格材の流出防止、異常嫌疑材の処置の順番で業務が回ります。それらの業務は特定の組織が一元管理で行えるように異常管理体制の整備が含まれます。

● 異常管理

異常管理は、品質管理の一貫として、異常の検知、不合格材の流出防止、異常嫌疑材の処置の順番で業務が行われます。異常管理の目的は、品質の低下や不具合を早期に発見し、適切に対処することです。

● 異常管理のプロセス

異常管理には、特定の組織がこれらのプロセスを一元管理するための体制整備が含まれます。プロセスの一連のステップは以下の通りです。

1. **異常検知**：最初のステップは、品質管理指標や顧客からのクレーム情報などから異常を察知することである。これにはデータ分析や監視システムなどが利用される。
2. **不合格材の流出防止**：異常が発見された場合、不合格製品が流出することを防ぐために、不良品の保持、不良品の出荷禁止、追加検査などの処置を講じる。
3. **異常嫌疑材の処置**：異常な製品が特定された場合、その処置方法を決定する。異常の種類や程度に応じて、再検査、再加工、廃棄などの適切な処置を行う。

● 異常管理の注意点

異常管理は、以下のようなポイントに注意を払う必要があります。

1. **迅速な対応**：異常が発生した場合、迅速な対応が重要である。これによって問題がエスカレートする前に対策を講じることができる。
2. **信頼性の確保**：異常管理は、品質の確保と顧客との信頼関係を維持するために欠かせないプロセスである。不具合が発生した場合にも、適切な対応を通じて信頼性を維持することが大切である。

異常管理のプロセス

異常管理

不合格材の流出防止

- 不合格材の識別分離
- 移動禁止　・出荷停止

異常検知

- 品質管理の変化点検知
- 異常発生監視　・検査工程からの情報

異常嫌疑材の処置

- 嫌疑材から確定材へ
- 処置方法の決定　・処置作業の確認

異常管理体制

- 責任者の標準化　・処置方法の標準化
- 処置実施結果確認

異常管理体制

異常の検知

不合格材の流出防止

異常嫌疑材の処置

8
製造工程責任

異常の検知

変化点　ばらつき

検査

いつも（常）と異なる＝異常

不合格材流出防止（移動禁止）

自工場　輸送　先方

未製造品
原料仕掛
中間仕掛
製品在庫
出荷倉庫

輸送・中継地

受入倉庫
未製造品
製造完了
検査仕掛
検査出荷
市場流出

異常嫌疑材の処置

異常嫌疑対象

異常処置を検討分類

合格品　不合格品

一時保留・後に判断

降格品　再検査品

倫理学的パラドックス話法

　ジャン・ビュリダンの**ビュリダンのロバ**のパラドックスは、選択肢が均等である場合、ロバはどちらの選択肢を選ぶべきかという問いかけです。等距離にあるにんじんに合理的に行こうと悩んだ末に死んでしまったロバの話がもとです。つまり「合理的な不合理ははたして合理的だろうか」というパラドックス話法での問いかけです。この言い回しは、時には魅力的に聞こえる心理的に興味深いフレーズを生み出します。

　同じようなフレーズとしては、「進むためには、まず立ち止まりなさい」「成功したいなら、失敗を知ることだ」「弱いものほど、真の強さを知っている」「犬を知るには、猫も知れ」、そして「最高の知は無知の知である」。ソクラテスさん、あなたもこの使い手だったんですね。まだまだ作れます。「道徳的であろうとするなら、まず不道徳を知ることだ」「欠陥の無い製品を作ろうとするなら、欠陥を自由自在に作り出せ」「学びたければ、まず遊びを覚えよう」。自己啓発セミナーで使えそうですね。

　何か、深淵なことを言っているように聞こえるでしょうが、このパラドックス論法は、実は何にも言っていません。でも、聞いていて気持ちがいいのも事実です。そして、この話法は世の中に蔓延しています。「何だか人生経験豊富そうだな」「私たちの気持ちをわかってくれている」。こういう気にさせるのがパラドックス話法です。例の「人間だもの」もこの一種かもしれません。

　フレーズの作り方は簡単で、次のステップに従うと自動的に作ることができます。

---

1. 強調したい要素を考える：まず、伝えたい概念やアイデアを選ぶ。

2. その反対の要素を考える：次に、それに対立する要素やアイデアを選ぶ。

3. 要素を結びつけて表現する：最後に、これらの対立する要素を結びつけて、強く言い切る。

　では最後に、もう一つ作ってみましょう。1.は「技術者倫理を理解する」、2.は「理解しない、つまり反することを行う」、3.で結びつけます。

　「技術者倫理を深く理解するためには、技術者倫理に反することをあえてやってみることだ」

　どうです？　簡単でしょう。何か豊富な経験に基づく深淵な考えのように聞こえます。それでも、冷静に考えるとおかしいですよね。（悪用厳禁です。ご使用は自分の責任範囲でお使いください）

第 **9** 章

環境倫理

　環境倫理には、子孫に対する世代間倫理、自然も人間以外の生態系にも生きる権利があることを認める自然の生存権、地球を閉じた空間とみなす宇宙船地球号で知られる継続的発展が含まれます。

　昨今のフロン使用禁止に踏み切ったオゾンホール問題や、二酸化炭素排出を規制する地球温暖化問題、2030年の実現を目指すSDGsなど、企業が環境倫理に適切に対処していく必要性が高まってきました。環境倫理は企業存続にも影響しかねません。

環境倫理概要

環境倫理は、単なる具体的な問題解決だけでなく、長期的な視点から地球環境との関わりを倫理的に考える枠組みです。この考え方を取り入れることは、持続可能な社会の構築や地球の健全な未来を守るために欠かせないものと言えるでしょう。

● ギルベイン・ゴールド問題を知っていますか？

ギルベイン・ゴールド問題は、**米国のPE協会**が環境倫理問題を考えるために作成した事例演習です。大学生たちはこの問題に取り組み、チームごとに意見を発表しています。この演習は海外では広く行われ、YouTubeなどで多くの回答が公開されています。

● 世代間倫理

世代間倫理は、従来の技術者と公衆の関係とは異なり、未来の子孫に対する責任を考えます。これまでの技術者倫理の関係は被害者と技術者との会話が中心でしたが、世代間倫理は私たち全員が現在の危機に対して責任を持つべきだという考えです。

食糧危機やエネルギー資源の枯渇、地球温暖化、環境汚染などの問題に対して、未来の世代への配慮が求められます。

● 自然の生存権

現代の技術は地球の自然環境や生態系に大きな影響を与えています。**自然や生物にも生存権**があり、私たちはそれらを保護し維持する責任を持つべきです。自然のバランスを尊重し、環境への影響を最小限に抑える倫理観が求められます。

● 継続的発展

継続的発展は、地球を有限な資源を持つ宇宙船と見立てて考える倫理観です。私たちが持続的な発展を果たすためには、地球の資源を適切に管理し、環境への影響を考慮に入れる必要があります。**SDGs**（持続可能な開発目標）や**脱炭素社会**、**カーボンニュートラル**といった取り組みも、環境倫理の一環として位置付けられています。

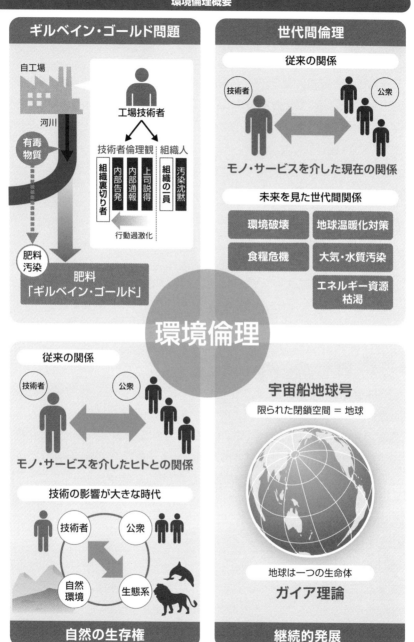

環境倫理概要

ギルベイン・ゴールド問題

自工場

河川

有毒物質

工場技術者

技術者倫理観 / 組織人

| 組織裏切り者 | 内部告発 | 内部通報 | 上司説得 | 組織の一員 | 汚染沈黙 |

行動過激化

肥料汚染

肥料「ギルベイン・ゴールド」

世代間倫理

従来の関係

技術者　　公衆

モノ・サービスを介した現在の関係

未来を見た世代間関係

環境破壊	地球温暖化対策
食糧危機	大気・水質汚染
エネルギー資源枯渇	

9

環境倫理

環境倫理

従来の関係

技術者　　公衆

モノ・サービスを介したヒトとの関係

技術の影響が大きな時代

技術者　公衆　自然環境　生態系

自然の生存権

宇宙船地球号

限られた閉鎖空間 ＝ 地球

地球は一つの生命体

ガイア理論

継続的発展

9-2 環境問題への取り組みの現状

環境問題に対する取り組みは、環境倫理の枠組みにとどまらず、さまざまな分野で進行中です。課題は絶えず変化しており、最近では脱炭素や温暖化問題などが注目されています。技術者倫理を通じて環境倫理を考える際には、社会の動向を把握することが重要です。

● 現状の環境問題

現在の環境問題は、**地球温暖化**の影響を軽減するための温暖化効果ガスの削減、オゾン層の破壊を引き起こすフロンの使用制限、酸性雨対策など、さまざまな課題に取り組んでいます。

環境問題に関する著作物も増えており、『沈黙の春』や『奪われし未来』などが特に話題となりました。また、環境活動家の少女が監修した『気候変動と環境危機』も、人々の意識を大きく変えています。

● 日本・国連・世界の取り組み

日本は過去に足尾銅山の鉱毒事件や公害問題を経験しましたが、それを教訓に環境問題への対策を進めてきました。

国際的な取り組みとしては、国連の人間環境会議をはじめとする活動が続き、1992年の**地球サミット**、1997年の**京都議定書**、2015年の**パリ協定**などが成立しました。特にパリ協定では、各国が2050年までに脱炭素やカーボンニュートラルを目指すことで合意し、地球環境問題は世界的な倫理的課題となっています。

● 環境倫理への取り組み

環境倫理は、技術者倫理の一環として注目を集めつつあり、今後ますます重要性が高まるでしょう。有限の地球環境を考慮した**宇宙船地球号**のようなアプローチや、未来の世代への配慮を含む世代間倫理、自然を尊重する自然中心主義などの議論が出てきています。環境倫理の話題は技術者だけでなく、広く社会的な倫理問題としても認識されつつあり、ますます注目を浴びる分野となっています。

環境問題への取り組みの現状

現実の環境問題

現状問題

- **地球温暖化**
  温室効果ガス（CO2）激増
- **オゾン層破壊**
  フロンによるオゾンホール発生
- **酸性雨**
  硫化性ガス
- **熱帯雨林減少・砂漠化**
- **森林破壊**

環境図書

「沈黙の春」（1974）
レイチェル・カーソン。農薬

「成長の限界」（1972）
ローマクラブ。廃棄物

「奪われし未来」（1997）
シーア・コルボーン。環境ホルモン

「気候変動と環境危機」（2022）
グレタ・トゥーンベリ。

国連・世界の取り組み

1972 ▶ 国連人間環境会議
　　　　「かけがえのない地球」

1992 ▶ 国連環境開発会議
　　　　（地球サミット）

- 環境と開発に関するリオ宣言「持続可能な開発」
- 環境基本法1993（日本）
- アジェンダ21（行動計画）
- 気候変動枠組み条約（地球温暖化防止条約）
- 生物多様性条約

1997 ▶ COP3「京都議定書」
　　　　…低炭素社会

2015 ▶ COP21「パリ協定」
　　　　…脱炭素社会

9

環境倫理

環境を考える思想
＝環境倫理

継続的発展
有限な
地球環境

世代間倫理
子孫に対する
責務

自然中心主義
土地や生体への責務

日本の公害

足尾銅山鉱毒事件 1890〜

４大公害病

「イタイイタイ病」
富山県神通川。カドミウム

「新潟水俣病」
新潟県阿賀野市。有機水銀

「水俣病」
熊本県水俣市。有機水銀

「四日市ぜんそく」
三重県四日市市。硫化酸化物

ギルベイン・ゴールド問題

ギルベイン・ゴールドは、全米PE協会が作成した架空の町での環境問題を題材にした事件です。技術者倫理、環境基準、内部告発などが一揃い登場します。日本ではまだそれほど取り上げられていませんが、あらすじだけを簡単に紹介します。

● 倫理演習「ギルベイン・ゴールド」

物語はギルベイン市の歴史から始まります。市は汚水処理をして乾燥させた肥料「ギルベイン・ゴールド」を販売し、市の財源にしていました。数十年前、市はコンピュータ会社Zコープを税制優遇策で誘致し、会社の汚泥も市で処理することとなりました。しかし、誘致が終わった後、市の環境担当者が突然「僕は汚染物質が心配なので、工場からの排出基準を国の取り決める濃度の10分の1に規制する」と決定してしまいます。Zコープ社は科学的に判断するように抗議しますが、決定事項は覆りません。ただし、その後は基準を守りながらの操業を数十年間続けてきました。

ここで、Zコープ社の新人エンジニアDが登場します。彼の最新の分析技術によると、排出汚泥中の重金属濃度が市の規制値をわずかに超えていることが判明します。Dは倫理観に基づき、この状況を改善しようとします。上司は過去の排出基準の歴史や根拠のない低い規制値について説明しますが、Dは納得できません。上司との間で意見対立が生じます。

その後、本社幹部から工場拡張計画が発表され、重金属の排出基準を超えた汚染物質を含む「ギルベイン・ゴールド」が市場に大量に出回る可能性が出てきます。懸念を指摘するDに、上司はこれまでの分析方法に戻すことと排出濃度を半分にするために排出水に同じ量の水を混ぜる提案しますが、Dはこれに反対します。

Dは上司の態度や会社幹部の行動に苛立ち、自らの倫理観に基づいて、友人のアドバイスを受けてテレビ局に内部告発を行い、全国に大騒動が広がります。

● 問題の論点

この問題を通じて、Dが道徳的な観点からテレビ局に内部告発する行動について、皆さんの意見を述べてください。誰が倫理的に問題を抱えていると考えますか？ この状況でどのような行動が適切だったと思いますか？

ギルベイン・ゴールド問題

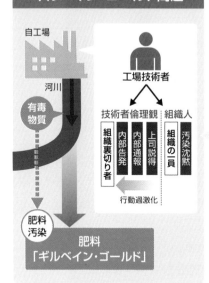

ギルベイン・ゴールド問題

自工場

河川

有毒物質

工場技術者

技術者倫理観 ｜ 組織人

| 組織裏切り者 | 内部告発 | 内部通報 | 上司説得 | 組織の一員 | 汚染沈黙 |

行動過激化 →

肥料汚染

肥料「ギルベイン・ゴールド」

これは米国のPE協会の仮想問題

【論点】
❶Dの道徳的な考え方でTV局へ告発した件
❷（現実解として）異なる見解のまとめ方
❸誰が悪いのか？ 何をすべきだったのか？

【疑問点】
❶市が排出基準を厳格化した理由は？
❷どれくらい排出基準を上回れば異常か？
❸製品は汚染されていたのか？
❹Dが友人と相談して内部告発したのは何故か？

数十年前ギルベイン市が税制優遇でZコープを誘致したんだ。

誘致してから市が排出濃度基準を国家基準の10分の1に設定したよ

上司

汚泥中の鉛とヒ素の濃度が基準を超えてます

新人エンジニア D

君の測定法と違い、市の古い測定ではわからないだろう。環境に影響を与える程じゃない

上司

Zコープ社は、工場の大幅拡張と増産に踏み切る計画だ

会社幹部

事態を危惧したDは友人と相談、TV局へ

Zコープの排水中の有害物質が基準を超えている。計測もザルだ

新人エンジニア D

9

環境倫理

9-4 ▷ 環境廃棄物の考え方

> 製造業の企業から排出される廃棄物は、環境基準に基づいて管理されています。通常、基準は物質の濃度で規制されており、基準を超える場合は環境への影響の有無にかかわらず届け出が必要です。

● ギルベイン・ゴールド問題と排出量の問題

ギルベイン・ゴールド問題では、「濃度が問題だから、廃棄物に同じ量の水を混ぜれば濃度は半分になる」という主張が登場します。しかし、このアプローチは基準が十分に適用されていないと感じられるものです。基準は完全ではありませんが、このような手法は適切ではないとされます。

規制については、ある時点で技術的な理解が不十分な役人が、基準を10分の1に変更するという例もありました。厳しい規制は、企業や技術者が環境問題に真剣に取り組む動機を高めます。しかし、過剰に厳しい規制は、企業の自助努力だけでは対策が困難な状況を生み、規制が合理的でないという見方も生まれます。

● 環境汚染物質の排出量問題

筆者は以前、製造中の汚染物質の反応生成モデルを開発し、有害物質の予測と制御技術を開発しました。提案された使い方の一つは「予測精度が高まったので、規制値の上限ギリギリに汚染物質の排出濃度を制御することで最大限の汚染物質を排出することができる。これで環境問題をクリアーしながらコスト改善ができる」でした。

これは正当なアプローチであると言えます。誰も規制違反行為をしていません。しかし、なぜかモヤモヤとした違和感を覚えます。この違和感の正体は何でしょうか?

汚染物質の環境規制は、上限値を決めなければ規制になりません。しかし、だからと言って、上限値に張り付いた汚染物質排出し続けてもいいのでしょうか。排出濃度がばらついていると上限値を超えないように、ばらつきを考慮して十分離れたところまで平均値を下げた操業をします。ばらつきが小さくなった上限外れがなくなるため、平均値を上限近くまで変化させて、汚染物質を撒き散らすことができると考えるのは本来の規制からは本末転倒になっています。ばらつきが小さくなる(品質が良くなる)と、汚染物質の総排出量は下げられると考えたいものです。

環境廃棄物の考え方

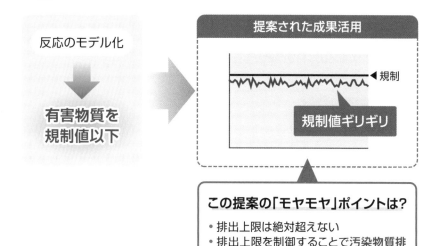

研究成果の出し方「精度よく予測できると、排出基準ギリギリを狙って排出できる」

反応のモデル化

有害物質を規制値以下

提案された成果活用

←規制

規制値ギリギリ

この提案の「モヤモヤ」ポイントは?
- 排出上限は絶対超えない
- 排出上限を制御することで汚染物質排出量を最大限まで増やせる技術が確立

9
環境倫理

COLUMN　不都合を起こしてしまったときの話

　あるとき、勤めていた会社の担当部門で、筆者が全国大会を主催したことがありました。その際、懇親会の会費を、組織の活動費と補助金でまかなえると思い、無料にしました。ところがこれは誤解で、活動費と補助金は同時にはもらえませんでした。

　このことを開催後に知り、結構な金額の不足が生じてしまいました。参加者は全国に散らばっているので、個別徴収するには時間がかかり過ぎます。自腹で不足分を補うしかないか、と覚悟しました。

　このピンチを救ってくれたのが、カーネギーの本でした。本の中に「ピンチは一人で悩まず、相談すると道が開ける」とありました。この言葉で思い込みから脱却した筆者は、秘書課にかけ込み、窮状をありのまま説明しました。そうしたら、道が開けました。秘書課から方々へ連絡や打診が行き、結果として「組織の活動である」と認識されて、救いの手が次々と差し伸べられました。

　不都合が起こったとき、自分だけで処置しようと思わず、いろいろな部門に相談することが解決への近道です。ただ、日頃からコミュニケーションをしっかり取っておかなければならないことは、言うまでもありません。

9-5 世代間倫理

世代間倫理は、技術者倫理の一分野として環境倫理のなかで扱われていますが、これまでの技術者倫理とは様子が異なります。技術者倫理は原則的に、現在のものづくりを扱いますが、世代間倫理は科学技術がもたらす将来への責務を扱います。

● 世代間倫理の特徴

従来の技術者倫理は、現在の人々との関係を主題としてきましたが、**世代間倫理**は未来を見越して現代人の責務を考えます。

環境破壊、食糧危機、エネルギー資源の枯渇、地球温暖化、大気や水質の汚染などは現代でも重要な課題ですが、これらの問題は未来の世代にも影響を及ぼします。

世代間倫理は、現代人が未来への責任を負うが、未来からの評価は受けないという特異な側面を持ちます。言い換えれば、現代人は未来のために責任を感じますが、その結果や効果は自分たちにはわからないということです。

● 人類の技術の規模の拡大

世代間倫理が生まれた背景には、科学技術の急速な進展と、人々が取り扱う**技術の規模**が大きくなり過ぎたことがあります。温暖化、原子力、二酸化炭素排出、土地の問題など、人類が行う技術が容易に地球全体に悪影響を及ぼしたり、生態系の絶滅の危険を引き起こしたりする可能性があることが指摘されています。

● 倫理の時間的拡張

世代間倫理は、未来への責任だけでなく、過去から現在を見た場合の評価も含みます。過去の人々が行った行動を評価し、尊重することも重要です。このような**倫理の時間的拡張**を考えることで、環境問題に限らずさまざまな分野で倫理が活用される可能性があります。

世代間倫理

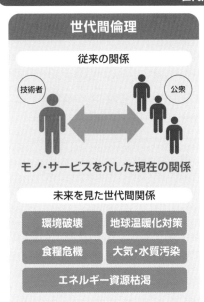

世代間倫理

従来の関係

技術者　　公衆

モノ・サービスを介した現在の関係

未来を見た世代間関係

環境破壊	地球温暖化対策
食糧危機	大気・水質汚染
エネルギー資源枯渇	

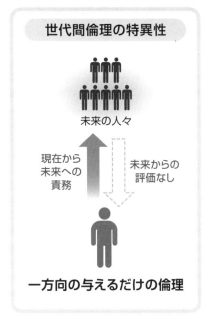

世代間倫理の特異性

未来の人々

現在から未来への責務　　未来からの評価なし

一方向の与えるだけの倫理

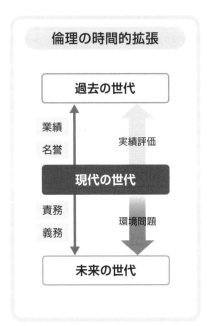

倫理の時間的拡張

過去の世代

業績　名誉　　　実績評価

現代の世代

責務　義務　　　環境問題

未来の世代

人が（扱う量が）大きくなり過ぎた

科学技術

| 温暖化 | CO2 |
| 原子力 | 土地 |

絶滅の危機

自然の生存権

技術者倫理の中で環境倫理を扱う際、自然の生存権まで含めて議論するべきかどうかは明確ではありません。公衆だけでなく、生態系や土壌、景観なども技術者責任の対象とするべきかについては議論が分かれています。

● 自然の生存権

自然の生存権とは、生態系や土壌などの自然環境にも生存権を認め、技術者がこれらを損なわないように努めるべき責任を指します。近年、科学技術の進歩が著しく、その影響が巨大化しているため、自然は自己修復能力を失っています。たとえば海洋のマイクロプラスチック問題のように、自然界への影響が公衆にも及ぶ可能性がある場合、これを公害問題と同等に扱うべきかもしれません。

● 牧草地議論

自然の生存権に関して、**牧草地議論**があります。牧草地は自然であり、公共のものとされます。しかし、牛を飼うことで収益を得ることができるため、個人が我も我もと牛を飼い始めると、牧草地の資源は有限であるため荒れ地となり、結果的に人々は飢え死にしてしまいます。この事例は、自然環境の共有資源が無秩序な利用によって荒廃する可能性を示しています。

● 生存権の倫理問題

生存権の倫理問題において、避けられている議論の一つが**人口問題**です。現代の人口爆発により、環境は破壊され、資源は乱獲されています。この懸念は止まる気配がありませんが、人口の増加と文化的な生活の両立から目を背けて「持続的な」という言葉に置き換えているようにも感じられます。

生存権に対する倫理的解決策が見つかっていないこともあります。すべての人々に生存権を認めながら、人口増加を抑制できない未来に対する懸念もあります。

さらに、倫理問題は人間の都合にも影響されています。自然環境や生態系の保護を訴えながら、好みのための肉食や魚の乱獲を行うなど、矛盾が内在します。

自然の生存権

自然の生存権

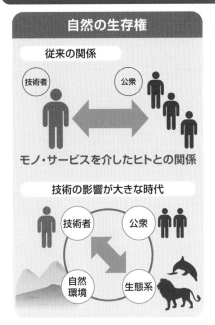

従来の関係

技術者　公衆

モノ・サービスを介したヒトとの関係

技術の影響が大きな時代

技術者　公衆

自然環境　生態系

牧草地議論

牧草地 = 共同
牛 = 個人

牧草地 = 共同
牛 = 個人がたくさんの牛を飼う

牧草地 = 共同
荒れ野原となり人々は飢えて死滅

生存権の倫理問題

全ての人に生きる権利を

人口爆発をどうするか

自然の生存権の異論

自然環境　生態系

保護義務がある

ご都合主義

殺生して食する

9

環境倫理

9-7 継続的発展

継続的発展の考え方は、1963年に米国のバックミンスター・フラーが提唱した「宇宙船地球号」に起源を持ちます。この概念は、地球を有限の資源を持つ宇宙船に例え、その資源をどのように効果的に管理し、生存可能な状態を維持していくかを考えるものでした。

● 継続的発展

バックミンスター・フラーのアイデアは、地球を**機械的なシステム**として捉えるものでしたが、その後**ガイア理論**が登場し、地球を単なる機械とは異なる生命体として捉える視点が広まりました。

1972年には『成長の限界』という報告書が発表され、人口増加や環境汚染が人類の成長にどのような影響を与えるかについての議論が始まりました。

近年では、国連や国際機関を中心に、気候変動対策や脱炭素社会、カーボンニュートラルの実現が重要なテーマとなっています。二酸化炭素の排出に関する倫理的な問題がいつ生じるかは明確ではありませんが、その時が来ることは間違いありません。

● SDGs（持続可能な開発目標）

国連が主導するSDGsは、**2030年アジェンダ**として推進されています。これは持続可能な開発を目指す国際的な取り組みであり、世界中での貧困削減や社会的・環境的な課題への対策を目指しています。

SDGsの目標は非常に幅広く、人々の生活や地球環境の改善に向けた具体的な取り組みを促進しています。スローガンである「誰一人取り残さない」は、世界中の人々に対する責任を強調しており、地球全体の継続的な発展を促進する意義があります。

● 未来に向けた継続的発展の概念

継続的発展の概念は、持続可能な未来を築くために不可欠な考え方であり、倫理的な観点からも重要です。人類全体が地球と調和して共存し、将来の世代に良好な環境を残すために、継続的な努力と共通の目標が求められています。

継続的発展

継続的発展

宇宙船地球号

限られた閉鎖空間 ＝ 地球

地球は一つの生命体

ガイア理論

成長の限界

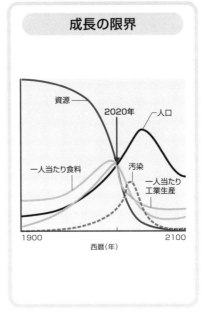

気候変動対策

適応策	緩和策	
対応設備	省エネルギ	低炭素社会
対応農作物	効率化	脱化石燃料 (石炭・石油不使用)	カーボンニュートラル (排出と吸収差ゼロ)

変動

エコプロダクト

太陽光発電　風力発電

電動車

二酸化炭素貯蔵

CO_2　CO_2

CO_2

SDGs

SDGs：持続可能な開発のための
2030アジェンダ

我々の世界を変革する　SDGs17の目標　誰一人取り残さない

貧困	飢餓	健康
教育	ジェンダ	水
エネルギ	経済	技術
不平等	まちづくり	製造使用
気候	海	陸
平和公正	パートナーシップ	

鳥瞰的思考法

　技術者は上司や部下、取引先、一般の人々とコミュニケーションを取る必要があります。これは説明責任の一環です。ここで、一つ問題を挙げてみましょう。皆さんは、自分の中に何人くらいの自分を持っていると考えていますか？

　自分は自分。どの相手にも同じ態度で接するべきだと思っているかもしれません。もしくは、自分はただ一つの存在と誤解しているかもしれません。しかし、実際にはそうではありません。あなたには異なる人格や立場を持った側面が多数存在しています。

　これは奇妙なアイデアかもしれませんが、考えてみてください。自分が両親と話すとき、子供と話すとき、口調が異なることに気づくでしょう。上司と話すときや、部下と話すときも、違った態度やトーンを使うことがあります。恋人との甘い言葉遣いは、上司との会話には使いませんよね？

　そして、職場でのコミュニケーションを考えてみましょう。部下との会話で、一番安心する状況はどんなときでしょうか。それは、自分の意見と部下の理解がピッタリ合致したときではないでしょうか。自分と同じ視点を持っていると感じる瞬間です。

　逆に、上司が自分との会話で安心するのはどんな場面でしょうか。多分、自分の視点が上司の視点と一致したときだと思います。おそらく、相手の視点を理解し、共有することで、安心感が生まれるのでしょう。

　この共有された視点を得る動作を筆者は「鳥瞰<ruby>（ちょうかん）</ruby>」と呼んでいます。これは鳥が空中から地上を眺める視点を意味します。**鳥瞰的思考法**では、異なる視点から物事を見ることで、より広い理解を得ることができます。

　仕事を考えてみましょう。作業者の仕事、監督者の仕事、管理者の仕事、経営者の仕事にそれぞれ視点があります。つまり、仕事の範囲を広げるということは、視点の高さを上方に移動させることです。

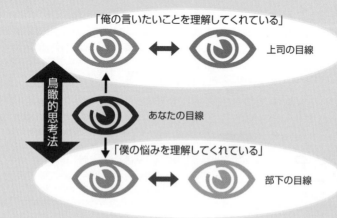

「俺の言いたいことを理解してくれている」

上司の目線

鳥瞰的思考法

あなたの目線

「僕の悩みを理解してくれている」

部下の目線

第 **10** 章

守秘義務・知的財産

　ものづくりにおいて、単に現場と製品企画力があれば良いとするのは、古い時代の考え方です。皆さんの活動を支える大きな柱として、知的財産が存在します。素晴らしい製品や画期的なプロセスであっても、工業所有権を確保していなければ、他社が模倣し、改良し、販売します。市場を占有しても、権利がなければ他人への異議申し立てや告訴は行えません。

　新しい技術や製品を始めから作り上げることは困難であり、過去の知識やノウハウが原動力となります。しかし、その技術や製品の情報が外部に漏洩してしまうと、他社も簡単に模倣し改良を加えて展開できるようになります。守秘義務は企業秘密を積極的に保護するための重要な手段です。

10-1 守秘義務・知的財産

守秘義務と知的財産は、技術者倫理の中でも非常に重要な倫理項目です。企業の競争優位性は、その内部に蓄積された知識、技能（スキル）、ノウハウに支えられています。しかし、データや情報、技術などは簡単に流出し、模倣されてしまう可能性があります。

● 守秘義務の確保

企業内の技術者には、**守秘義務**や秘密保持が課せられています。必要に応じて、個別に企業と秘密保持契約を締結することもあります。また、外部企業との協力関係においては、**秘密保持契約**を結ぶことも一般的です。

守秘義務は法的に明確に定義され、秘密の漏洩が発覚した場合、主体企業からの告発により、法的手段による賠償請求などが行われます。

● 企業のリスク

企業の製造技術や情報、そして「技術」は容易に漏洩され、模倣される可能性があります。デジタル技術を駆使した企業同士の競争は、市場が成長している間は目に見えないかもしれませんが、市場が成熟すると競争は激化します。

企業の重要な**営業秘密**は、人材により担保しています。人材が流出すれば、**ノウハウ**も流失してしまいます。営業秘密が成立するためには、秘密性の維持、業務における有用性、そして一般的に知られていない非公知性が確保されている必要があります。これらの条件が満たされている場合に、営業秘密として認識されます。

● 知的財産所有権の効果

知的財産所有権は企業を保護する手段ですが、効果は予測困難な部分もあります。知的財産権は、権利を保障するだけでなく、**技術侵害の訴訟**などの際に有効です。

しかし、侵害が発生して初めて法的手段が発動されるため、紛争にかかる時間や費用は計り知れません。知的財産権の保持は確かに重要ですが、その保護と活用には慎重なアプローチが必要です。

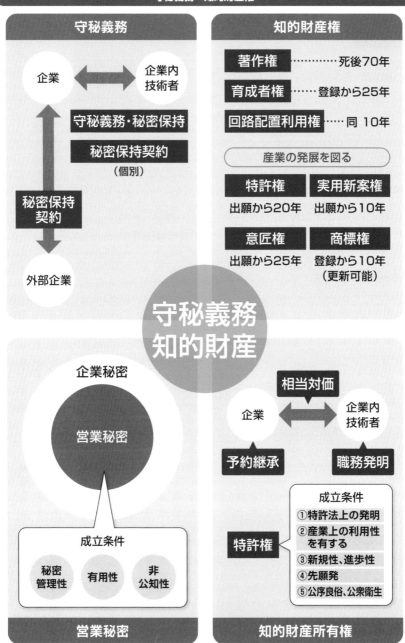

守秘義務・知的財産権

守秘義務

企業　◀▶　企業内技術者

守秘義務・秘密保持

秘密保持契約
（個別）

秘密保持契約

外部企業

知的財産権

著作権　……… 死後70年

育成者権　…… 登録から25年

回路配置利用権　…… 同 10年

産業の発展を図る

特許権	実用新案権
出願から20年	出願から10年
意匠権	商標権
出願から25年	登録から10年（更新可能）

守秘義務
知的財産

営業秘密

企業秘密

営業秘密

成立条件

秘密管理性　有用性　非公知性

知的財産所有権

相当対価

企業　◀▶　企業内技術者

予約継承　　職務発明

特許権

成立条件
①特許法上の発明
②産業上の利用性を有する
③新規性、進歩性
④先願発
⑤公序良俗、公衆衛生

守秘義務・知的財産

10

10-2 ▷ 守秘義務

守秘義務と秘密保持は、知られていない情報を守るための行動ですが、それぞれ異なる対象に適用されます。守秘義務は、仕事の協力者や専門家が職務上知り得た秘密情報を保持する義務です。一方、秘密保持は、業務情報を外部に漏らさないようにする行動です。

● 守秘義務

守秘義務は、企業内で働くすべての技術者に課せられる法的な義務です。加えて、公務員が職務に関する秘密情報や知識を守る**公務員守秘義務**、弁護士や医師などの専門職がクライアントや患者の情報を守る**職務守秘義務**なども存在します。

● 秘密保持義務

以前は、上司が「これは秘密だから」と宣言するだけで秘密とされる**形式的秘密**が一般的でした。しかし現在では、企業が実際に秘密として管理し、価値があり、公に知られていない情報が**実質的秘密**として取り扱われます。

企業内での情報が秘密保持義務に該当するかは、3つの要件によって判断されます。まず、企業がその情報を秘密として扱っていること。次に、その情報が秘密であることが重要で価値があること。最後に、その情報が公に知られていないことが求められます。展示会や論文、雑誌記事などで公に報告されている情報は秘密になりません。

● 秘密保持義務の違反要件

違反要件の立証には、不正競争防止法によって定義される営業秘密の漏洩であることが必要です。次に、就業規則などに明記された守秘義務の規定に違反していることや、会社の不正行為や違法行為の告発に該当しないことが求められます。また、情報漏洩を行った本人が、漏洩した情報が秘密であることを認識していた場合も該当します。

重要なのは、会社が秘密情報の管理に対して適切な体制を整備していたかどうかです。会社が積極的に秘密情報の保持を試みていたか、その努力が認められるかが判断のポイントとなります。

守秘義務

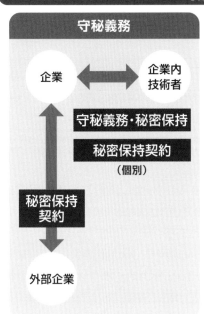

守秘義務

企業 ⬌ 企業内技術者

守秘義務・秘密保持

秘密保持契約
（個別）

秘密保持契約

外部企業

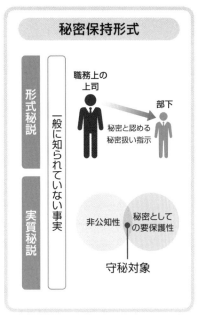

秘密保持形式

形式秘説

実質秘説

一般に知られていない事実

職務上の上司

秘密と認める秘密扱い指示

部下

非公知性　秘密としての要保護性

守秘対象

10

守秘義務・知的財産

秘密保持義務・守秘義務

企業労働者の秘密保持義務

❶ 公然のものとなっていない

❷ 企業が秘密として管理・取り扱い

❸ 秘密としての重要性・価値がある

公務員の守秘義務	職種による守秘義務
・職務上の秘密 ・職務で知り得た秘密	・弁護士 ・医師 ・公認会計士 　　　　　　など

秘密保持義務違反の要件

- 不正競争防止法に定める営業秘密の漏洩

- 就業規則などの守秘義務規定に違反

- 会社の違法行為や不正行為の告発に該当しない

- 機密であることを知りながら漏洩

- 会社の管理体制に落ち度がなかった

- 漏洩した秘密が保護に値する重要なもの

10-3 営業秘密

企業秘密には、営業秘密が含まれており、これは企業の日常業務において重要な役割を果たします。営業秘密の成立条件は、秘密管理性、有用性、非公知性が備わっていることです。以下で、営業秘密の内容について詳しく見ていきます。

● 秘密管理性

秘密管理性とは、企業が秘密を守ろうとする姿勢を指します。これは物理的なセキュリティ対策から情報へのアクセス制限までさまざまな形で現れます。

たとえば、情報が格納されたPCへのアクセス権やVPN（仮想プライベートネットワーク）を用いた秘密通信、ファイアーウォールなどによる物理的なアクセス規制、USBメモリの持ち出し制限、監視カメラなども心理的な防止策として用いられます。

企業は職場環境を整備し、倫理教育を徹底します。積極的な秘密保護の仕組みを導入し、それを誰でもわかるようにすることが営業秘密の条件の一つです。

● 有用性

有用性は、営業秘密が事業活動に有益であることを示す要素です。たとえば、仕入先や顧客名簿、設計図、製造ノウハウ、製造コストなどの情報は、経費削減や効率化に大いに役立ちます。企業が所持する情報は数多くありますが、それらが実際の企業活動にどのように貢献するかが有用性の証明となります。

● 非公知性

非公知性は、秘密情報を保有している者以外には一般的には知られていない状態です。逆に、公知の状態とはどういう状況でしょうか。

学会発表や刊行物は公知とされ、最近ではインターネットで情報が公開されると公知とみなされることもあります。学位論文などがインターネットで公開されている場合、それが公知となります。逆に、労働契約や雇用契約によって知識が広まっていたとしても、非公知性が担保されているとみなされる場合もあります。

営業秘密

営業秘密

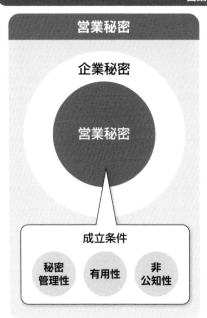

企業秘密

営業秘密

成立条件

秘密管理性　有用性　非公知性

秘密管理性

● 物理的防御・技術的防御

PC　　USB

アクセス権 VPN・ファイアーウォール・持ち出し禁止

● 心理的防御

監視カメラ　　持ち出し制限（極秘）

● 職場環境

技術者倫理教育　社員教育　信頼関係

有用性

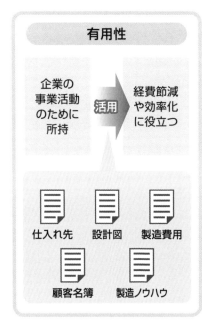

企業の事業活動のために所持　活用→　経費節減や効率化に役立つ

仕入れ先　設計図　製造費用

顧客名簿　製造ノウハウ

非公知性

非公知性が認められない	非公知性が認められる
・刊行物 ・学会発表 ・インターネット公開	・秘密保持義務 労働契約・雇用契約の「信義誠実の義務」通常の雇用者の義務

公知性の定義
保持者以外は一般的に入手困難

・秘密保持契約
法律上秘密保持義務がある弁護士などにも必要

10-4 知的財産権

技術者が扱う知的財産は、産業財産権、工業所有権です。知的財産は、特許権、実用新案権、意匠権、商標権などが主の工業所有権として認められています。本節では、さらに多くの知的財産を見ていきましょう。

● 知的財産の種類

知的財産の種類は、狭義には知的創作物である特許権、実用新案権、意匠権、営業商標である商標権を指します。これ以外にも回路配置利用権や、トレードシークレット、植物新品種保護権、商号及び不正競争防止方に基づく権利があります。

各々の財産権には、出願や登録からの権利の保護期間が設けられており、登録済みの権利に関して実施を独占することができます。

● 知的財産と知的資産

知的財産と知的資産の関係について解説します。まず、根底に**知的財産権**があります。知的財産権とは産業所有権4種と著作権です。次に、**知的財産**があります。これは**ブランド**や営業秘密やノウハウに相当する財産です。競争力を持って企業活動を行うための活動の源が対外的に有効な知的財産です。

知的財産を囲むように**知的資産**があります。知的資産とは**人的資産**や組織力、技能、顧客などです。これまでの企業活動で、社内で蓄積してきた競争力そのものです。これらの資産、財産を知的資産と呼び、この他に借地権など無形資産があります。

● 特許権の侵害

特許権を侵害すると、侵害された側が原告になり、公判が開かれます。侵害と認定されると、さまざまな法律に基づき**賠償請求**などが提訴されます。裁判に負けた側に、損害賠償を求める（民法409条）、工場の停止や出荷停止を求める（特許法100条）、損害品で得た不当利益を払わされる（民法703条）、新聞広告などで謝罪を行う（特許法100条）ことが請求されます。

知的財産権

知的財産権

著作権 …………… 死後70年

育成者権 ……… 登録から25年

回路配置利用権 ……… 同 10年

産業の発展を図る

特許権	実用新案権
出願から20年	出願から10年

意匠権	商標権
出願から25年	登録から10年 （更新可能）

知的財産と知的資産

無形資産　借地権など

知的資産　人的資産、組織力
経営理念
技能
知的財産　ブランド　顧客
営業秘密
知的　ノウハウ
財産権
特許権、
著作権

知的資産

産業財産権（工業所有権）

知的創作物

特許権	実用 新案権	意匠権
回路配置 利用権	トレード シークレット	植物 新品種 保護権

営業商標

商標権	商号	不正競争 防止

■ 狭義の産業所有権

特許権侵害時の刑罰

損害の賠償をしなさい!

損害賠償請求（民法709条）

工場を止め、出荷するな!

差し止め請求（特許100条）

侵害品で得た利益を払え!

不当利益返還（民法703条）

新聞広告で謝罪しなさい!

信用回復措置（特許106条）

企業の技術者は、自身の技術を特許出願するか、それともノウハウを秘密にするかという選択を迷うことがあります。特許出願には費用と手間がかかるため、技術の内容よりも手続きの手間を考慮して選択することも多いでしょう。

● 特許かノウハウか

技術者が特許を選ぶかノウハウを選ぶかは、技術の性質によります。技術が「ノウハウが漏れやすい」「競合他社も特許出願する可能性がある」「特許化することで利益を最大化できる」といった場合、特許出願を選ぶことがあります。

一方で「ノウハウを管理できる」「特許出願しても侵害が見つけづらい」「特許出願が難しい」場合には、ノウハウの秘匿を選ぶこともあります。絶対的な選択肢は存在せず、状況に応じて選択肢を判断します。

● ナレッジマネジメントとノウハウマネジメント

以前、ナレッジマネジメントが大流行しました。ナレッジマネジメントは主に個人の知識収集を体系的に行うことを重視し、知識活用を促進します。

しかし、現在はデジタル変革（DX）が進行し、データや情報の流出、技術の模倣が容易に行われます。DXを推進するためには他社との連携が不可欠です。多くの情報はクラウドで管理され、その管理には外部の専門家が関与します。こうした状況下での情報漏洩リスクは、社内だけでなく外部の委託業者の間でも存在します。

今後、企業の競争力はそのノウハウによって成り立つことでしょう。ノウハウは個人や組織に依存するのではなく、企業全体の強みとして存在します。個人の退職や転職、情報漏洩に注意することで、ノウハウは重要な知的財産として保護されます。

ノウハウの体系化と活用方法はまだ発展途上であり、ノウハウマネジメントの推進によって企業の競争力を向上させることができます。ノウハウのマネジメント活動は主に組織単位で行われ、スキルの集積と活用を目指します。

ノウハウ

知的財産所有権

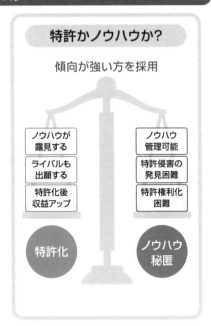

特許かノウハウか?

傾向が強い方を採用

ナレッジかノウハウか?

技術者は、「組織」に
責任があるのでは?

ノウハウマネジメントの勧め

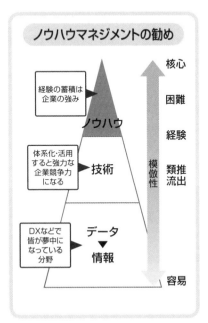

スペースシャトルの爆発事故の技術者倫理

　スペースシャトルの事故は、技術者倫理の教材として頻繁に取り上げられます。そこで取り上げられるのは1986年のチャレンジャー号の発射時の爆発です。このコラムでは、2003年に発生したコロンビア号の地球帰還時の爆発事故について取り上げてみます。

　この事故における筆者の技術者倫理に関する焦点は、単に技術的な原因ではなく、「世界最強の組織NASAがわずか17年の間になぜ再び事故に見舞われたのか」という点です。

　チャレンジャー号の事故後、NASAは仕事の仕組みを見直し、マネジメントコンサルタントの指導を受け、世界最高水準の技術者集団に再生しました。もともと知的レベルが高い専門家たちが更なる高みを目指しました。設備、装置、標準、マニュアルなども真摯な反省を元に改良されました。しかしその努力も虚しく、わずか17年で再発してしまいました。

　次に述べるのは、筆者がかつて参加した失敗学会での討論の一幕です。「NASAは大きな変革を遂げました。あらゆる側面が再評価されましたが、17年の間に関与した当事者は引退し、その間に新たな技術者が責任者となりました」。「仕組みは変わりましたが、人々は入れ替わり、意識が変わっていきました。我々はトラブルを防ぐ仕組みを続けながら成功を重ね、その過程で『我々にできる』という確信を持ちました」。「しかし、耐熱板の剥離による再突入の7回目で爆発が発生しました。過去に同様の状況が何度もあったことで今回も問題が無かったと考えたとするのは、人命に関わる問題において言い訳にすぎません」。

　この事故の背後にある事実は信じがたいものですが、モラルハザードが存在したということです。17年間にわたる安全な運行実績や人々の入れ替わり、常に存在するさまざまなプレッシャーがNASAの組織内でモラルハザードを引き起こしました。

　具体的なモラルの問題は推測の域を出ませんが、狭い視野、権威への追従、集団思考などの組織の中で生じるモラルハザードは、優秀な組織であるほど顕著になりやすいものです。これが筆者の技術者倫理に基づく結論です。

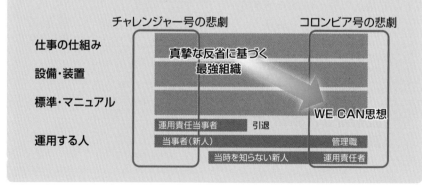

216

第 **11** 章

内部通報・内部告発

　内部通報や内部告発という言葉には、強い意味が込められています。これらは組織に不利益をもたらしたりする可能性があり、その影響は厳しいものです。

　内部告発者は、組織内の多くの善良なメンバーに対して、マスコミや世間の無責任な好奇の目を向けさせることになります。彼らは自身が正義を求めて行動していると確信していますが、告発の行動を開始すると同時に、組織との調和は失われてしまいます。法的な問題の場合、裁判所が関与し、倫理的な問題の場合、マスコミが注目することとなります。

11-1 内部通報と内部告発

> 組織やそのメンバーの不正行為に気付いた際、その事情に詳しい個人は、組織を保護する意図と個人の倫理感との間で葛藤を経験することになります。特に技術者や研究者は、周囲には理解され難い技術的な側面に触れることもあるでしょう。

● 技術者の組織内不正の認知と葛藤

技術者はその専門的な知識のため、組織内部の不正行為に触れることがあります。営業秘密の不正入手、闇取引、談合、コンプライアンス違反、環境や法令に反する行為など、組織内でしか知り得ない情報や技術的な事象が含まれます。こうした不正行為を知った技術者は、自身が組織の一員である一方で、個人としての倫理感との間で葛藤を抱えることになります。

組織の一員としては、組織への忠誠心や愛社精神、社内情報の秘密保持義務、協調行動や組織の論理、人間関係などが存在し、これらの要因が不正行為を隠蔽しようとする動機を引き起こす可能性があります。一方で個人の倫理観は、法律や規則の順守、個人としての道徳観や倫理観、信念に基づいて善悪を判断しようとする要素です。

● 内部通報・内部告発者の行動

組織内での不正行為を認知し、その中で葛藤を経験した技術者は、問題の解決を図るため、不正行為を働く人々や上司などに働きかける行動を取ることがあります。通報や告発は、突然行われるものではありません。最初は言葉を使って懸念を伝える段階から始まります。しかしこの段階でも意見の相違が解消されない場合、問題は次第に深刻化し、通報や告発に至る可能性があります。

逆に言えば、内部通報や内部告発は、組織内のコミュニケーションが不足しており、組織が閉鎖的な状態にある場合に顕著に起こる傾向があります。ギルベイン・ゴールド問題のように、組織内で相談できる相手がいないと感じ、外部組織の友人に相談してから告発に至る例も見受けられます。

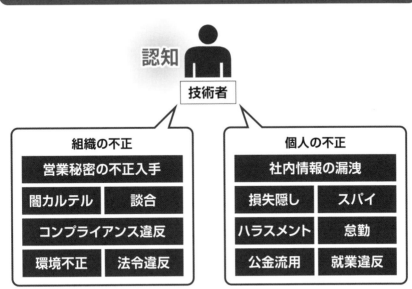

不正行為認知時の行動

認知 技術者

組織の不正
- 営業秘密の不正入手
- 闇カルテル / 談合
- コンプライアンス違反
- 環境不正 / 法令違反

個人の不正
- 社内情報の漏洩
- 損失隠し / スパイ
- ハラスメント / 怠勤
- 公金流用 / 就業違反

組織内で不正を止めよう
- 不正を当事者に指摘
- 不正を他の部署に相談
- 加担したくないと申告
- 上位権限者へ通報
- 内部統制部門へ通報

内部通報・警笛鳴らし

外部組織により止める
- 外部機関へ通報する

内部告発

これをすることは、企業個人ともダメージが大きい場合がある。

現実から逃避する
- 気づかないふりをする
- 組織を離れる(転職)

一見事勿れで、騒動は発生しないまでも、公共の利益に反する行為

技術者倫理的行動

技術者倫理違反行動

● 内部通報

　内部通報はしばしば**ホイッスルブローイング**とも呼ばれ、組織内での問題を指摘し警告する行為です。通報相手は通常、組織や企業内のコンプライアンス部門です。

　内部通報は基本的には、通報者の実名で行われることが望ましいとされています。ただし、通報内容に応じて、通報者の氏名を匿名にする場合や公にする場合があります。内部通報は組織内の自浄作用を象徴する手段としても利用され、問題を組織内で公にし、対処することで、不正行為や問題発生の予防が図られると信じられています。

　通報とは、組織内で何らかの不都合な事態が発生していることを報告し、組織のメンバーに警戒を促す行動です。

　不都合な事態の通報は、倫理的な問題だけでなく、人間関係のハラスメントなども含まれます。最近では、内部通報は企業のコンプライアンス部門だけでなく、外部の専門組織にも通報するケースが増えています。これは、不正行為の対処に透明性を持たせるため、外部の視点も取り入れることでより効果的な対処ができます。

● 内部告発

　内部告発は、主にマスメディア、行政機関、SNSの投稿などを通じて行われ、通報者の実名は伏せられ、匿名で行われることも多いです。内部告発の目的は、組織を正常化し公共の利益を守ることにあります。

　以前は、内部告発者は組織からは不適切な行動とされ、秩序を乱す行為として扱われることがありました。しかし、2006年に**公益通報者保護法**が施行され、内部告発者を保護する法的な枠組みが整備されました。ただし、内部告発が組織内の不正行為の摘発や是正に常に成功するわけではなく、内部告発者が特定され報復されるケースもあります。

　2020年に公益通報者保護法が改正され、保護対象の条件が緩和されて、氏名を記載した通報を書面で提出すると、保護対象になりました。また、企業が内部通報で損害を受けた場合でも、通報者に損害賠償請求はできないと規定されました。

　技術者倫理の視点からは、このような内部告発や内部通報を起こさない企業になるように、技術者倫理を企業内で活用してもらいたいと思います。

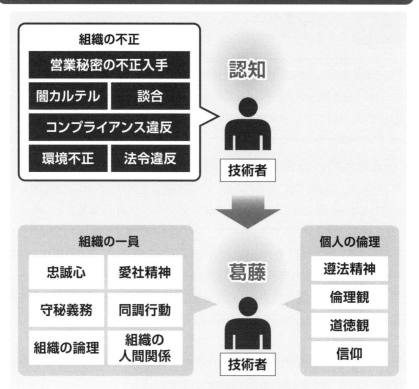

内部告発と内部通報

組織の不正

| 営業秘密の不正入手 |
| 闇カルテル | 談合 |
| コンプライアンス違反 |
| 環境不正 | 法令違反 |

認知

技術者

組織の一員

忠誠心	愛社精神
守秘義務	同調行動
組織の論理	組織の人間関係

葛藤

技術者

個人の倫理

| 遵法精神 |
| 倫理観 |
| 道徳観 |
| 信仰 |

組織の不正を外部に知らせることにより
やめさせようとする行為

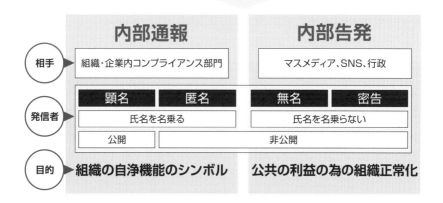

	内部通報	内部告発
相手	組織・企業内コンプライアンス部門	マスメディア、SNS、行政
発信者	顕名　匿名 氏名を名乗る 公開	無名　密告 氏名を名乗らない 非公開
目的	組織の自浄機能のシンボル	公共の利益の為の組織正常化

11
内部通報・内部告発

221

11-2 不正認知時の非倫理的行動

不正行為を認知した際に、技術者がとる倫理違反行動には、逃避という選択肢があります。一見すると自分自身を守るための行動のようにも見えますが、公共の利益に反する非倫理的な行動であり、技術者としての倫理を逸脱した行動です。

● 不正認知時の技術者倫理違反行動

不正認知者が**逃避行動**に走ることは、「匿名や密告を利用したとしても、個人の特定は容易であり、深刻な問題の場合、マスメディアなどが介入することも考えられる」からです。また、不正行為を指摘することで自分自身に不利益が生じると判断し、それを避けるために「見て見ぬふり」という非倫理的な行動に走ることもあります。

もちろん、不正行為の是正に向けて組織内で対話や議論が行われることもあります。しかし、不正行為を指摘することが自分に不利益をもたらす可能性があると感じると、個人は葛藤や苦悩に直面します。

このような状況下でモラルハザードが生じ、個人が行動を起こすことを避けたり、転職を選んだりすることがあるのです。しかしこのような行動は個人や組織の成長と改善の機会を奪ってしまう非倫理的な行為です。

● 非倫理的行動との隔たり

「技術者は倫理を守るべきだ」と言われても実際にその状況に立った時、「私は絶対に倫理を守る」と断言できる人はどれくらいいるでしょうか。

「他人のために自分を犠牲にすることはできない。家族を養わなければならないし、自分を守るべきだ」「周囲が無関心なのが悪いのだ。誰も問題を指摘しない」「自分がこの問題を解決することはできないし、関与しない方が賢明だ」「組織のために自分を犠牲にするのは耐えがたい」「この問題は個人の問題である」

こうした思考のもと、「見て見ぬふりをする」「何も言わずに転職する」という選択が生まれます。個人の観点からすれば、これが最も現実的な道かもしれません。しかしその一方で、組織内に不正行為をする人や集団が存在する状況下では、本当に健全な行動とは言えません。

不正認知時の行動

実際の行動

見て見ぬふり。
黙って転職する。

ギャップ

倫理的な行動

個別話し合い、
内部通報、
内部告発

モラル問題

①**利己主義** — 言い出すと自分が不利になる。嫌だね

②**自己欺瞞** — 他人のために自分が犠牲になることはない。気がつかない周囲が悪い

③**意志薄弱** — 誰も指摘していないのに言わなくていいよね

④**無　　知** — え、それが問題なんだ?

⑤**自分本位** — 俺はやらない。弱いやつが不正を働く

⑥**狭い視野** — 知らないふりをすることが組織のためになります。

⑦**権威追従** — 忠誠を誓った組織に、不利な状況になるなんて

⑧**集団思考** — この問題は、以前も個人の意識と結論が出ている

11
内部通報・内部告発

COLUMN　技術士倫理要綱

日本技術士会は、技術者倫理を踏まえ「技術士倫理綱領」を技術士に求めています。

1) 技術士は、公衆の安全・健康・福利を優先する
2) 技術士は、将来世代に渡って持続可能な社会を実現する
3) 技術士は、信用を保持する
4) 技術士は、有能性を重視する
5) 技術士は、客観的で事実に基づいた情報を用い、真実性を確保する
6) 技術士は、公正かつ誠実な業務を履行する
7) 技術士は、秘密情報を保護する
8) 技術士は、法令を遵守し、文化を尊重する
9) 技術士は、相手の立場を尊重する
10) 技術士は、継続研鑽と人材育成に努める

11-3 不正への予防策

不正が発生した後の対応は、どれだけ努力しても限られたリカバリーしか期待できません。最も効果的なアプローチは、不正が起こる前に予防策を講じて、悪循環に陥らないようにすることです。

● 不正防止のための取り組み

不正を未然に防ぐには、特効薬は存在しません。しかし、意識改革とモラルを保つための努力が重要です。これには以下の要素が含まれます。

● 技術者倫理教育の重要性

筆者の知る限り、実際の現場で働く技術者のほとんどが、技術者倫理に関して十分な教育を受けていないと回答しています。技術者倫理に関する教育は、大学の授業だけでなく、企業内でも積極的に実施されるべきです。

● その他の不正防止策

1. **企業倫理綱領の制定と教育**：企業倫理綱領の制定と、それに基づく集合研修やEラーニングを行うことで、全社員に倫理観を浸透させることができる。
2. **コミュニケーションの強化**：コミュニケーションスキルの向上を図り、ラポール構築や鳥瞰的思考法を活用して、組織内でのコミュニケーションを効果的に行う。
3. **懸念項目の収集**：電話ホットラインや目安箱、アンケートなどを通じて、組織内の不正懸念や異常を収集し、早期に対処する。
4. **倫理問題事例の共有**：倫理問題の事例集を整備し、倫理的行動や違反行為の具体的な事例を共有することで、社内での倫理観の向上を図る。

不正行為を未然に防ぐためには、これらの取り組みが継続的に行われることが重要です。ただし、完全な不正防止は難しい現実もありますが、積極的な予防策によってリスクを軽減し、倫理的な組織文化を築くことが大切です。

不正への予防策

技術者倫理教育

綱領の制定 — 企業倫理綱領

技術者倫理教育
・集合教育
・eラーニング

倫理実践 — 技術者倫理モラル／法令／倫理的対処／規則

日頃からのコミュニケーション

コミュニケーションスキル　気掛かり相談
対等な目線　鳥瞰的思考
コーチングスキル　ラポール（信頼関係）

不正懸念項目の吸い上げ

相談ホットライン　目安箱
定期的対話　社員意識調査
定期的アンケート　ラーニング

倫理問題事例紹介

技術者倫理的行動　技術者倫理違反行動

モラル違反　倫理的行動
モラル遵守　非倫理的行動

倫理課題への
思考実験訓練の実施

ハラスメント

> 私たちは、自分が重大な犯罪者になる可能性は低いと思っています。しかし、自動車の運転中にうっかり人を跳ねたり、酔って気が動転してその場を離れたりすることで、瞬時に交通違反の犯罪者になってしまうことがあります。ハラスメントも同じです。

● ハラスメント知識の重要性

善良で社会貢献をしていたり地位があったりしても、**ハラスメント**行為をすれば倫理的に問題のある人物となります。

パワーハラスメントやセクシャルハラスメントなど、通報や告発があると、その瞬間から倫理感に疑問符がつくことになります。ハラスメントは、相手が不快に感じる行動をした場合に成立します。

● 筆者の実体験と職場ハラスメント実例集 （使用厳禁）

筆者自身も、ハラスメントの指摘に驚いた経験があります。それは、部下の女性社員からの指摘でした。当時、筆者は部下に対して役職名ではなく、名前で呼んでもらっていました。組織内の全員が年下であったため、男性社員を「○○くん」もしくは名前で呼び、女性社員を「○○ちゃん」と呼んでいました。

ある日、自分の部署の女性社員から呼び出され、「私たちは気にしていませんが、他の工場の人があれはセクシャルハラスメントだと指摘していました」と言われました。その時初めて、自分の呼び方が周囲には違った印象を与えることに気づきました。

コンプライアンス部門に相談し、以降全員に対して「○○さん」と呼ぶように変更しました。この出来事を通じて、ハラスメントの意識を新たにしました。ハラスメントの判断は、関係性によっても変わることを学びました。指摘してくれた女性社員には感謝の気持ちしかありません。無意識のままに行動する中間管理職は無意識のままにハラスメントを行う可能性があることを思い知らされました。

どの言葉がハラスメントとなるかは、相手との関係性によりますが、一発退場の事例も存在します。次ページは典型的な例ですが、ハラスメント事例を知ることで理解が深まるかもしれません。実際に試してみる際には自己責任でお願いします。

ハラスメント

「ハラスメント」

相手の嫌がることを すること

パワーハラスメント

身体的攻撃　◀「書類でポカリ」
精神的攻撃　◀「大声で怒鳴りちらす」
人間関係の切り離し　◀「仲間はずれ」
過大な要求　◀「膨大な仕事を割り振り」
過小な要求　◀「成果は期待してない」
身体的拘束　◀「長時間のネチネチ指導」

逆パワーハラスメント

逆襲　◀「コンプラ部に通報します」
申告　◀「職場でいじめにあってます」
申告　◀「あなたの言葉で鬱になった」

モラルハラスメント

見下す　◀「こんなこともできないのか」
批評する　◀「最近の若いものは根性が」
嫌がらせ　◀「定時に上がれると思うな」
嫌がらせ　◀「給料分くらい働けよ」
嫌がらせ　◀「上司尻拭い、部下は定時」
不機嫌　◀「ふーん」「あっそ」「無言」
不機嫌　◀「教えたのに礼も無しか」

企業でのハラスメント

業務との関連性、業務上の必要性がある
ものは該当せず。
「会議に呼ばない」「無視する」「仕事を割
り振らない」はハラスメントになる可能性
あり

セクシャルハラスメント

私的情報　◀「彼氏いるの?」
暴言　　◀「色っぽいね」「ケバいね」
嫌がらせ　◀　身体的なことを聞く
強要　　◀　食事に誘う、私的な関係を迫る

ジェンダーハラスメント

「男のくせに‥」「女のくせに‥」
「おじさんは黙って」「・・・ちゃん」

マタニティハラスメント

「育休取るなら早めに言ってよ」
「女は長期休むから仕事を任せられない」
「出てきた時、仕事変わっているかも」

ケアハラスメント

「介護で休むのか。いい身分だね」

パタニティハラスメント

「男が育休を取るのか、俺の時は‥」

企業のリスク

損害賠償‥安全配慮義務違反
刑事責任‥加害者個人
懲戒処分‥職場規律維持
労災認定‥‥遺族、被害者
マスコミ・SNS・風評被害

11-5 ▶ 指導とハラスメント

ハラスメントの指摘が恐ろしくて、部下の指導ができない上司が存在します。では、上司は部下を指導しなくて良いのでしょうか。指摘が怖いから指導しないことは、上司の責務を果たさないことであり、部下の成長と組織の健全な運営に対する責任の放棄です。

● 指導とハラスメント

指導とハラスメントの違いを簡潔に説明すると、指導は部下の成長を促進する行為であり、ハラスメントは部下を脅かして優越感を味わう行為です。部下の捉え方は、上司と部下の関係性によって異なります。

● 上司による部下の指導

上司による部下の指導にはいくつかの重要なポイントがあります。まず、お互いに相互信頼が築かれていることが大切です。上司は部下の成長を促し、部下は仕事に対して必要な指導を受けることに納得しています。良好な関係が築かれている状態です。

上司の態度も重要です。部下の行動に対して肯定的であり、見守る姿勢が感じられ、自然体で接し、部下が上司のアドバイスを受け入れることを容易にします。

また、タイミングも重要で、部下は適切なタイミングでの指導を望んでいます。部下の気持ちを考慮することも大切です。仕事に対するメリットを感じさせ、リラックスした状態で仕事に取り組めるようにすることが重要です。

● 上司によるハラスメント

ハラスメントは上司と部下の関係が悪化した結果起こる行動です。たとえば、声を荒らげたり脅し文句を使ったりして部下を威嚇し、排除しようとする行為を指します。

仕事に関係のない部分で部下の生活態度や人格を批判することや、適切でない量の仕事を押し付けることは、部下の心を傷つける結果をもたらします。過去の失敗を繰り返し取り上げ、ネチネチと攻撃することもハラスメントの一例です。このような状況では部下は上司のアドバイスを受け入れることが難しくなります。

228

指導とハラスメントの違い

指 導	ハラスメント

成長を促す

威嚇する、排除する

仕事に必要	仕事に不必要
・仕事が分かった ・改善点を理解した ・教えてもらって満足している	・業務に不要な生活態度や 　人格の指摘（仕事に必要だが） ・不適切な分量と内容

態度が良い	態度が悪い
・肯定的　・見守り ・自然体　・受容的	・攻撃的　・威圧的 ・否定的　・批判的

タイミング	タイミング
・タイムリー ・指導を受けたい	・過去を掘り返す ・相手の都合無視

気持ち

・メリットを感じる
・好意的、落ち着いた気持ち
・責任持って仕事に取り組む
・職場を生き生きさせたい

気持ち

・言いたい放題だな
・結局上司の利益の為
・イライラ、不安、嫌悪感しかない
・だから部下が萎縮する
・職場が楽しくない
・また辞めていった

11

内部通報・内部告発

11-6 コーチング

せっかちな筆者は、部下やクライアントに対しても話し過ぎる傾向があります。その結果、相手が引いてしまう光景を何度も目撃しました。ただ、関西出身の筆者にとっては、会話の沈黙がどうしても居心地の悪さを感じてしまいます。

● 現場での技術者倫理とコーチング

コーチングの手法は、専門的に学び込むにはさまざまなスキルが必要です。しかし、現場の技術者や管理者にはそれに費やす余裕がないことも多いでしょう。そのため、技術者向けの目標管理に特化した独自のコーチング手法、**棒人間コーチング**を数年間にわたり約100人に試してみました。

この手法は非常に簡単で、テーマや目標、現状、ギャップ、解決策などに関する質問を通じて会話を進め、それを埋めていく方法です。この手法を試した多くの人が「考えが整理された」とか「有意義な会話ができた」と感想を述べています。

● コーチングを使わない上司Kの会話

コーチングを使わない上司Kと部下のAくんの会話の一例を見てみましょう。

K:「Aくん、最近の成績は悪いな。Bに比べて遅れているぞ。その調子じゃ後輩にも
　　抜かれるぞ。頑張る時期だからしっかりやれよ。給料分はきっちり働けよな」
A:「どうしてそんな事を言うのですか? 僕だって一生懸命やっているんですよ」
K:「成果を出すことができないなら、何を言っても無駄だ。これは君のためを思って
　　言っているのだぞ」
A:「わかりました。もう、今日は帰ります!」

Aくんは成績不振を指摘され、仕事を評価されないことに苛立ちを感じています。このままではAくんは心身ともに疲弊し、休職や退職を余儀なくされます。

しかし、上司Kは自身の行動が問題であるとは考えず、Aくんが弱いからだと主張するかもしれません。このような会話がある組織は、不幸な組織です。

コーチング

④目標は何か？
・時期
・数値目標

⑧誰が行うのか

②目的は何か？

⑥どう解決するのか？

⑦最初の一歩

⑤ギャップは何か？
（課題は何か？）

③現状は何か？

①テーマは何か？

COLUMN **技術士になろう！**

　技術士は、医師、弁護士、弁理士、公認会計士に並ぶ難易度とされる、技術者の国家資格です。1957年制定の技術士法に定められた、文部科学省が管轄する名称独占資格です。

　技術士は、「『豊富な経験を持つ』『技術の高等応用能力を持つ』技術者」と定められていますが、これには大多数の技術者や研究者が該当します。ただ、技術士には、高い技術者倫理の実践と、技術者としての資質を維持・向上させるために厳しい自己研鑽が求められ、技術者継続学習（CPD）実績を文部科学省に報告する義務があります。

　技術士になるためには、一次試験、二次試験を通過しなければなりません。この受験期間は、勉強のモチベーションが上がります。技術士になって日本技術士会に入会すれば、自分の技術部門の最新情報に関する講演会や、技術者倫理の研究会など、数えきれない活動に参加することができます。

17条憲法（筆者による口語意訳）

聖徳太子が約1400年前に発行した**17条憲法**は、まさに勤め人に向けた心構えのようなものです。その内容をわかりやすく解説してみましょう。

第1条：みんな仲良くしているかい。意見の違いがあっても、穏やかに話し合おうね。

第2条：仏教や坊さんは尊重しよう。仏教を信じると身も心も正直になれるよ。

第3条：上司の指示に従おう。反抗しても何の得にもならないよ。

第4条：身だしなみや態度に気をつけよう。他の人たちは君たちを見てるのだよ。

第5条：お金や贈り物をもらうのはやめよう。それはだめなことだよ。

第6条：善行を奨励し、悪行を罰するからね。他人の悪口を言うのはやめようね。

第7条：適材適所で仕事を振るからね。上役になっても偉そうにしないように。

第8条：仕事は山ほどあるよ。朝は遅刻せずに始めよう。必要なら残業も頑張ろう。

第9条：誠実に働いて信頼を得よう。信頼が大切だよ。

第10条：怒りっぽくならないようにしよう。我慢が大事だよ。

第11条：褒美や罰は公平に与えよう。根拠のないことはやめよう。

第12条：地方に行って賄賂をもらうのはだめだよ。

第13条：役職についたら、自分の仕事内容をちゃんと理解しよう。怠けるのはだめ。

第14条：同僚の昇進に嫉妬せず、助け合おう。足を引っ張ってはいけません。

第15条：役人は私心を持たずに仕事をしよう。私心があるからサボるのだよ。

第16条：大きな仕事を指示してもいいけど、田植えや養蚕などが忙しくない適切なタイミングで指示すること。民の生活が大事だからね。

第17条：重要なことは一人で決めず、みんなで話し合おう。

＊文責：厩戸皇子（ペンネーム聖徳太子）発行604年

聖徳太子の教えは、今でも私たちに共通する価値を持っていることがわかりますね。

Seventeen
Constitutions
Author：
Prince
Shotoku

第 **12** 章

説明責任

技術者は、自分たちが提供する製品やサービスを通じて公衆と関わります。そして技術者がコミュニケーションを取る相手は、一般の人々だけでなく、同僚の技術者やビジネス関係者、上司、部下など多岐にわたります。つまり、技術者には広範な説明責任が求められるのです。

特に注意が必要なのは、技術に詳しくない一般の人々とのコミュニケーションです。技術者が専門的な知識を持たない人々に対して説明することは非常に重要です。技術的な専門用語で説明することは容易ですが、わかりやすい言葉で説明するには努力が必要です。

● こんな会話を避けましょう

企業で働く私たちは、日常的な会話でも**専門用語**や**業界用語**をよく使っています。しかし、これらの言葉は専門的でない人にとっては理解しづらいことがあります。たとえば以下のような会話です。

「手前どもでたたき台の雛形を来週アタマまで、取り急ぎオファーできる線まで落とし込みます。その件は、営業が噛みつきよるので白紙に戻してくれますか。抱き合わせということになるとハンコリレーになるので、ウチは動きが悪いんですわ」。(会話の意味「来週までに企画案を出しますが、いつもと同じものです」)

● ますます専門的な会話

技術者の会話は、上の会話にさらに専門用語や略語を盛り込んでいきます。こうした会話は非技術者にとっては理解が難しい、たとえば以下のような例になります。

「プロパーには、テストがマストだ。KPIの設定とアイテムを洗い出し、プロト投入のデッドラインを、エイヤでいいからレポートしてくれ。ASAPで頼む」。この会話は中毒性があり、そのうち違和感が消えてしまいます。(会話の意味「製品化には試作が必要だ。確認項目を提出し、最優先でお願いする」)

一般の人に説明する時は、オタク会話になっていないか、家族に説明してみてわかるかどうか試してみてください。

● 説明責任としての根回し

説明責任の一環として、予め関係者に情報を共有しておくことは非常に重要です。これによって「聞いてない」「初耳だ」といったトラブルを回避することができます。事前に関連する人々に情報を提供することは、詳細な説明を行うよりも効果的なことがあります。これを**根回し**と呼びます。

技術者倫理十戒、Ⅷ　説明責任

Ⅰ 研究倫理	Ⅵ 賠償責任
Ⅱ 製造物責任	Ⅶ サービス責任
Ⅲ 製造工程責任	Ⅷ 説明責任
Ⅳ 環境倫理	Ⅸ 守秘義務・知的財産
Ⅴ 保守保全責任	Ⅹ 内部通報・内部告発

12
説明責任

COLUMN　オープンに相談する効果

　根回しとは、物事を進める際に、事前に関係者の理解や了承を得ることをいいます。根回しという言葉には一見、古臭く卑怯な行動であるかのような響きがあります。しかし仕事においては、重要な交渉や提案を公式に決定するときに威力を発揮するものです。根回しを行うと、物事を円滑に進めることが可能になり、組織の意思決定スピードが向上します。

　筆者の経験では、事前に個別に話を聞いたり、相談を持ちかけたりして、怒った人や嫌がった人を見たことはありません。事前の説明では、資料の修正指示や追加検討なども出てきます。しかし、それらを取り入れ、ブラッシュアップする効果は抜群です。

　もちろん、公式会議の席上で、厳しい意見や反対質問も出ることもあります。しかし、それはすでに織り込み済みであり、質問者も自分の懸念が提案に盛り込まれていることに満足しているので、最後には同意してくれます。騙されたつもりで「根回し」をしてみませんか。

12-2 技術者の３つの説明

> 現代の説明責任は、３つの要素に分かれています。リスクコミュニケーション、インフォームドコンセント、そして説明対象者に合わせた説明です。どの場合も、技術者が真心をこめた説明は問題解決に役立ちます。

● リスクコミュニケーション

　リスクコミュニケーションは、現在または将来的に生じるリスクを正確に一般の人々に伝える方法です。これは、古くからのマスメディアだけでなく、今日の**コミュニケーションツール**を通じても行われます。

● インフォームドコンセント

　一般の人々に向けた**インフォームドコンセント**は、信頼を築くことから始まります。これは、医療用語で言うところの「医師と患者が情報を共有し、同意を得る」概念を技術問題に適用したものです。

　これまでは、「専門家に任せておいてください。あなた方は難しい技術的なことは知らなくてもいいんですよ。専門家が責任持って対応しますので」という、「親心から知らせない」方針をとることもありました。これを**パターナリズム**と呼びます。

　しかしこの考え方では、患者や被害者の知る権利、自己決定権、自律の原則が尊重されません。専門家が言うことを無条件に信じるのではなく、当事者が正確な事実を知って納得するインフォームドコンセントが求められるようになっています。

● 技術説明対象を考慮した説明

　技術説明対象を考慮した説明は、相手が異なる知識や理解度を持っていることを前提に、専門的で難解な技術内容をわかりやすく説明する手法です。

　一般的に技術者が使用するカタカナ用語や略語は、相手に理解されていない可能性が高いと考えるべきです。専門用語や略語を使用する際には、必ず簡潔な日本語に置き換えるか、説明を付記する必要があります。どの方法も、高度なコミュニケーションスキルが求められます。

技術者の3つの説明

リスクコミュニケーション

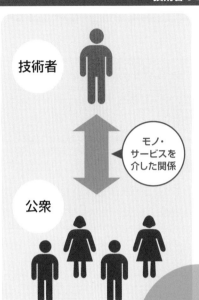

技術者

モノ・
サービスを
介した関係

公衆

対話形式の説明会	Webでのホームページ公開
メルマガやSNSの活用	マスメディアの利用

12
説明責任

説明責任

専門家にお任せください。難しいことはしらなくてもいいですし、知らせません

↓

パターナリズム

↓

インフォームドコンセント

問題点の説明をわかりやすくします。納得いくまで聞いてください

インフォームドコンセント

技術説明対象

不特定多数の関係者	受け取り側の理解度がまちまち
技術的背景の無い人たちへの難解な技術説明	相互信頼が必須
	対話志向形式

12-3 リスクコミュニケーション

リスクが発生した際、最初に行うのは、モノやサービスを介して関わる人々との相互のコミュニケーションです。悪いニュースを伝えることは難しいかもしれませんが、当事者たちは専門家による情報を欲しているのです。

● リスクコミュニケーションの必要性

リスクが発生すると、専門家の解説だけでなく、直接的でわかりやすい技術者の説明が必要です。ただし、技術者の説明がわかりにくい場合もあります。また不確かな情報が拡散すると不安を煽ることになります。

● リスクコミュニケーションの手段

現代では、新聞やテレビだけでなく、オンラインの対話型説明会やメールマガジン、SMSやウェブを活用することが可能です。重要なのは、一般の人々だけでなく、実際に影響を受ける可能性がある人々にも説明することです。説明会を開催する場合でも、対話を重視して、参加者の疑問や懸念に対応することが大切です。

現代は情報を得るためにインターネットを使います。この過程で、マスメディアの主観的な情報や、TV局が探してきた専門家を通じて誤った情報が広まることがあります。自社のウェブサイトは、正確な情報を提供する手段として重要です。

リスクコミュニケーションの目的は、被害者が納得し、理解し、合意に達することです。これを達成するために、以下のステップがあります。

1. **正確な情報を提供する**：情報を小出しにせず、一度にすべてを話す。
2. **意見を交換する**：質問には丁寧に答える。
3. **理解を得る**：リスクを被る人がどうすれば良いか納得するまで説明する。
4. **責任を共有する**：説明側が自らの責任に言及する。
5. **信頼を築く**：説明を受ける人が説明者の言うことを信じる。

リスクマネジメント

リスクコミュニケーション

| 対話形式の説明会 | Webでのホームページ公開 |
| メルマガやSNSの活用 | マスメディアの利用 |

相互意思疎通

リスク発生！

不安な人々

相互意思疎通

モノ・サービスを介した関係

リスクコミュニケーションの段階

最終段階	信頼の構築
第4段階	責任を共有
第3段階	理解を得る
第2段階	意見を交換する
第1段階	正確な情報を伝える

リスクコミュニケーションの目的

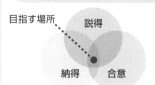

目指す場所　説得

納得　合意

説得・納得・合意の三つの実現

12

説明責任

リスクコミュニケーションの欠如がもたらした混乱

　2005年の耐震偽装事件は、一級建築士による高層ビルの構造計算書を偽装する不正行為を、国土交通省が公表したことから明るみに出ました。この事件は個人事務所が引き起こしたもので、どのビルで不正行為をしていたのかが不明であり、ビルの外観などからも不正の判断はできませんでした。

　事件の背景には、1998年4月の建築基準法の改正がありました。阪神大震災の被害には手抜き検査が影響していたかもしれないとの考えから、改正案が可決され、それまでの行政による検査が民間機関に解放されました。しかし、名義貸しの横行などが明るみに出たため、「行政が責任を持つべきだ」との考えと、「基準値の適合検査だけなら民間に任せた方がよい」との考えとで、議論が起こっている最中でした。誰が説明責任者であるのか混乱していました。

　事件を受けて、マンション購入者やビルのオーナーが「自分が所有している物件は大丈夫か」と不安に陥りました。ネットには真偽不明の情報も流出し、混乱に拍車をかけました。

12-4 インフォームドコンセント

インフォームドコンセントは、公衆の知る権利や自由意志を尊重することです。技術者は、守秘義務を守りつつも、説明責任を果たさなければなりません。また、実務的には、公衆以外に経営者や官公庁をはじめとする様々な関係者が存在します。

●「知る権利」と「自由意志」

企業は製品やサービスに不都合があった場合、公衆の「知る権利」を最大限に補償しなければなりません。そのためには、商品知識がなく、リスクに怯える公衆に対して丁寧に説明し、安心させる必要があります。

その上で、「自由意志」で説明を受け入れるかどうかを決めてもらいます。

● 情報開示の目的

情報開示の目的は、守秘義務を守りながら、公衆への不都合な事態を知らせる説明責任を果たすことです。

企業内で起こった事態は、必ずしも全てが公開できるものではありません。守秘義務を守りながらも、正確な情報を公衆に公開する高度な説明能力が求められます。不具合の技術内容、想定被害、対策内容、補償内容を正確に公開し、公衆の理解を得て納得してもらい、企業の行動への同意をもらうことを目的とします。

● 実務的なインフォームドコンセント

一般の人々への説明は簡単な言葉で合意を形成できるかもしれませんが、上司や経営陣にはそれだけでは通用しません。正確な被害評価や対策の計画も必要です。

監督機関への報告も含まれます。同様に、関係者からの問い合わせにも対応する必要があります。技術者は、トラブル時には説明で多忙になることがよくあります。

インフォームドコンセント

インフォームドコンセント

パターナリズム ▶ インフォームドコンセント

専門家にお任せください。難しいことはしらなくてもいいですし、知らせません

問題点の説明をわかりやすくします。納得いくまで聞いてください

「知る権利」と「自由意志」

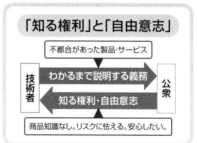

不都合があった製品・サービス

技術者 ← わかるまで説明する義務 → 公衆

技術者 ← 知る権利・自由意志 → 公衆

商品知識なし。リスクに怯える。安心したい。

情報開示の目的

技術者	公衆	
説明責任 守秘義務	不具合 技術内容 想定被害 対策内容 補償内容	理解 納得 同意

実務的なインフォームドコンセント

- 経営者
- 上司
- 監督省庁
- 銀行
- 取引先
- 懸念組織
- 社内組織
- 対応チーム

技術者　公衆

COLUMN　インフォームドコンセントの注意点

　インフォームドコンセントは、医療現場で実施されている説明責任を技術者倫理にも適用するものです。しかし、実際の医療現場でも様々な問題が指摘されています。

　医者にしても技術者にしても、説明者があらゆる事象に対する知識を有するわけではありません。しかし、患者や被害者もしくは被害者になる可能性のある人の中には、あらゆる可能性や背景を根掘り葉掘り聞きたがる人もいます。

　この事態は、患者や被害者だけではありません。技術者が説明責任を果たさなければならない対象者には、社内の管理部門もあります。そういう部門が、不安感からか延々と質問を繰り返し（例えば「なぜなぜ分析をやったか？」など）、技術者の仕事を妨げます。組織内部への説明、上司への説明が混乱を生み出すのです。ただ、妨げている人が「自分は正しいことをしている」と信じている場合もあり、厄介です。

12-5 技術者の説明責任

技術者の説明責任で注意すべき点や、技術説明の対象者です。不特定多数の公衆への説明だけでなく、説明内容をマスメディアに掲載してくれるマスコミに対する説明、さらには企業内部への説明責任もあります。

● 当事者や一般の公衆への説明

まず、当事者や**一般の公衆**への説明が最も重要です。しかし、対象者はその技術内容に詳しくないことが大半です。

時系列に従った説明、図や地図を用いた視覚的な説明、専門用語の解説、原因の簡潔な説明、懸念や不安を取り除く努力、当面の補償策について説明などが必要になります。これらを簡潔に説明できるようにしておきます。

● マスメディアへの説明責任

マスメディアへの説明責任は独特なものです。事件や問題が発生した場合、一般公開される場で説明が求められます。ここで注意すべきは、マスメディアを通じて公衆や関係者に情報を提供しているという意識です。

マスメディアは説明内容に対して独自の「見解」や「解説」を付け加えて報道します。報道は好意的または否定的な意見を持つ場合があります。マスメディアへの説明では情報を小出しにせずに一回の説明会で情報をすべて出しきります。

● 企業内部関係者への説明責任

企業内部の関係者への説明責任は複雑です。経営部門には被害状況やリカバリー計画、営業部門には顧客への説明や影響範囲の説明、法務・総務部門にはステークホルダーへの説明や賠償処置の計画、技術部門には原因の究明や対策の実施を説明します。

これらの説明責任は、技術者にとって大きな負荷がかかるものです。しかし、技術者の役割として問題の解決と説明が求められるため、落ち着いて対応する必要があります。ただ正直言って、企業内関係者への説明が最も疲れます。

技術者の説明責任

技術説明対象

不特定多数の関係者	受け取り側の理解度がまちまち
技術的背景の無い人たちへの難解な技術説明	相互信頼が必須
	対話志向形式

「企業内部説明責任」

経営・管理部門	営業部門
・公衆説明内容 ・被害範囲 ・今後の計画	・顧客説明内容 ・物流・処置

技術者

技術部門	法務・総務部門
・原因究明 ・再発防止 ・被害処理	・官公庁説明 ・被害・損害措置

12
説明責任

「公衆への説明責任」

技術者

説明内容

わかりやすい
・時系列説明　・図解・地図　・用語解説
・原因説明　・懸念の払拭　・当面の補償

安心・共感
・言葉使い　・誠心誠意

当事者	公衆

「マスメディアなどへの説明責任」

技術者

説明内容

報道しやすい
・時系列説明　・説明内容　・図解・地図

わかりやすい
・用語　・原因説明

記事にしやすい
・説明時間帯　・会見写真

マスメディア取材・報道	当事者・公衆

ニュース
報道番組
記事
ネット
インタビュー

パターナリズムとインフォームドコンセントの実例

　このエピソードは、医療におけるパターナリズムとインフォームドコンセントの違いを示す実例です。パターナリズムは、医療専門家が患者のために最適な選択肢を決定し、その決定を患者に告知するアプローチです。一方、インフォームドコンセントは、患者が医療に関する情報を得て、自身で選択を行うアプローチです。

　筆者が5歳のときに亡くなった実母は、自分が肝臓ガンであることを知らされずに亡くなりました。その状況から、当時は患者に病名を告知しない方が良いと考えられていたことがわかります。このケースでは、医師が判断し、病名が隠されました。これがパターナリズムです。

　一方で、10数年前に亡くなった親父には、インフォームドコンセントが行われました。親父は手術の前に主治医から詳細な説明を受け、手術を受けるかどうかの選択をする機会を得ました。主治医は手術後の生存率や選択肢を説明し、親父と筆者に決定の自由を与えました。患者自身が情報を受けて判断することが尊重されました。

　結果として、親父は手術を選びましたが、手術後5年間通常生活を行った後に亡くなりました。親父も子供達も満足の中での選択でした。

　このエピソードを通じて、パターナリズムとインフォームドコンセントの違いが浮き彫りになります。医療の世界では、患者の意思尊重と情報提供が重要なテーマであり、このエピソードはその一例として示されています。

　技術者倫理でも、不都合な事態が発生したときの被害者への会話も、説明責任を意識しながら行うと良いかと思います。

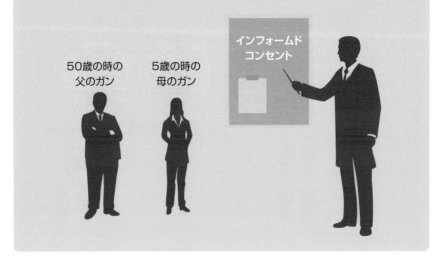

50歳の時の
父のガン

5歳の時の
母のガン

インフォームド
コンセント

第 **13** 章

市場出荷後の責務：
製品の旅路と未来

　市場に送られた製品は、使用者の手で使われ、修理され、廃棄されるまでの旅路を辿ります。工場や家庭、乗り物などで役立ち、長い間活躍します。一部の製品は保守が必要で、他の製品は寿命を全うします。

　近い将来人工知能が発達し、製品も会話ができるようになったら、役目の終わった製品は何と言いながら廃棄施設に送られていくのでしょう。大切に扱ってくれた家族への感謝、うまく設計してくれた技術者、メンテを担当してくれ技術者への感謝の言葉を残して爽やかに旅立っていくことでしょう。

13-1 ▶ 市場投入後の責務

製品が市場に投入された後、製造企業には保守保全責任、サービス責任、賠償責任という3つの責務が生じます。これらの責任は、技術者が製品と使用者との関係を通じて果たす重要な役割です。

● 保守保全責任

保守保全責任は、製造元と使用者が協力して点検や保守を行う責任です。製品が故障した場合、両者の技術者が情報を共有しながら対処します。保守保全責任は、長期間にわたり使用される自動車や工業機器などの製品に関連します。

● サービス責任

サービス責任は、技術者が製品の適切な使用方法を提案する責任です。導入時には、使用方法の説明や製品の潜在的なリスクについて説明します。また、故障時の対応方法や保証期間、サービスパーツに関する情報も提供します。製品の寿命が終わる際には、廃棄やリサイクルの方法についても説明します。

● 賠償責任

賠償責任は、製品が不具合を引き起こし、使用者や消費者に影響を及ぼす場合に生じます。メーカーは製品の異常や不具合情報を適切に収集し、所轄官庁への報告や公表を行います。人身や財産に損害を与えた場合には、使用者からの訴訟なども考えられます。

● 市場投入後の責務

市場投入後の責務は、技術者が**製品のライフサイクル全体**を通じて負うべきものであり、製品が安全に使用され、社会全体に貢献することを確保するための大切な要素です。設計技術者や製造技術者、市場サービス技術者は、自分たちの提供した製品の市場での情報の取得と、さらなる改善への努力を欠かしてはなりません。

市場出荷後の責務

技術者

モノ・サービスを介した関係

公衆

保守保全責任

設置点検	修理点検
定期点検	性能検査
部品点検	部品交換

保守整備

市場責任

賠償責任

メーカ

届け出

行動
リコール
自主回収
改善対策
返金
サービスキャンペーン

国土交通省
経済産業省

出荷

異常・不具合情報

公表・告知

消費者・ユーザー

サービス責任

使い方の説明責任	危険性の説明責任
故障保証期間	サービスパーツ
故障対応	廃棄

市場出荷後の責務：製品の旅路と未来

247

13-2 保守保全責任

保守保全は、製品がボイラーや電気機器など装置・機器などの設置材や、太陽光発電パネルや自動車などの耐久材、恒久材などに想定される責任です。この責任範囲には、故障発生対応、保全保全の責任の取り決め、保全の種類などが含まれます。

● 点検の種類

1. **設置点検**：新設や交換後に動作の健全性を確認する。
2. **定期点検**：始業点検、月次点検、年次点検などで予防保全を行う。
3. **部品点検**：摩耗や劣化が進む前に部品を交換することで機能を維持する予防保全である。

● 保守の方法

保守は保守整備を含みます。定期的な整備によって製品の性能劣化を防ぎます。企業は**保守・保全契約**を結び、定期的な点検を実施する場合もあります。保守保全活動は製品の寿命を延ばし、使用者の安全と製品の信頼性を確保するために欠かせない重要な取り組みです。

● 故障のバスタブカーブ

設備は通常、**バスタブカーブ**と呼ばれる故障率カーブを描きます。初期の故障や使用末期の摩耗による故障が起こる時期があり、点検頻度を上げて故障を予知することが重要です。故障が少なくなった定常期を**偶発故障期**と呼びます。

● 保全の種類

1. **予知保全**：警報や変化、予兆を監視し、故障前に点検や交換を行う。
2. **予防保全**：定常の偶発故障期に整備を行う。
3. **事後保全**：故障が発生した後に修理を行う。

保守・保全責任

保守保全責任

設置点検	修理点検
定期点検	性能検査
部品点検	部品交換
保守整備	

バスタブカーブ（故障）

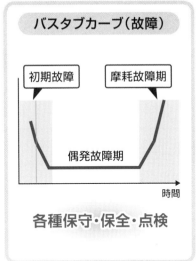

初期故障　摩耗故障期

偶発故障期

時間

各種保守・保全・点検

保守保全の責任

法定点検

製造販売企業

保守保全契約

点検
整備
保守
保全

使用企業

両者の責任範囲を
最初に取り決め

保全の種類

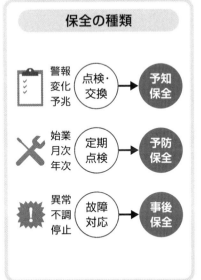

警報変化予兆	点検・交換	→	予知保全
始業月次年次	定期点検	→	予防保全
異常不調停止	故障対応	→	事後保全

13

市場出荷後の責務：製品の旅路と未来

13-3 サービス責任

サービス責任は、説明責任、保証期間及び廃棄の3つの責務が含まれます。使い方や製品の危険性の説明、使用期間中の故障保証期間や、故障したときの対応、サービスパーツの入手方法および廃棄方法やリサイクルの方法の説明も必要です。

● サービス責任の重要性

サービス責任は、顧客への安全な製品提供と環境への配慮を含む重要な側面です。企業や技術者は、これらの責任を遵守し、製品の使用期間にわたって適切なケアと説明を提供することが求められます。

● 説明責任

製造者には、顧客への製品説明責任があります。製品の使用方法や故障の保証期間、対応方法などは、製品にわかりやすく表示されています。食品や商品にも賞味期限や消費期限、原材料、生産国などが記載されています。

製品の安全な使用のためには、危険性の説明も重要です。たとえば、乾燥剤に「食べられません」と書かれているのは、誤って摂取すると健康に害が及ぶ可能性があるためです。製品ごとに安全に使用するための情報が提供されます。

● 廃棄物処理法

廃棄物の適切な処理も重要な責務です。特定の製品には法律で廃棄方法が定められています。建築残材や産業廃棄物には廃棄物処理法が適用され、排出から最終処分までのプロセスをトレースし、処理証拠書類やマニフェストを作成する必要があります。マニフェストとは、産業廃棄物の処理委託の際に必要な伝票のことです。

● リサイクル処理法

さらに、多くの製品にはリサイクル処理法が適用されています。容器包装や家電、食品、建設資材、自動車などはリサイクルが義務付けられており、廃棄物を適切に再利用・処理するための法的な義務が存在します。

サービス責任

サービス責任

使い方の 説明責任	危険性の 説明責任
故障保証 期間	サービス パーツ
故障対応	廃棄

説明責任

使い方の説明責任	
危険性の説明責任	
故障保証期間	
生産国	故障対応
賞味期限 消費期限	含有組成 構成素材

廃棄物処理（廃棄）

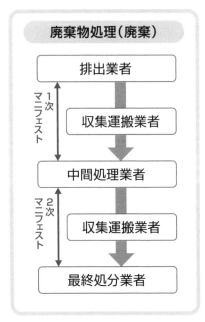

排出業者

1次マニフェスト

収集運搬業者

中間処理業者

2次マニフェスト

収集運搬業者

最終処分業者

リサイクル法（廃棄）

容器包装リサイクル法

家電リサイクル法

食品リサイクル法

建設リサイクル法

自動車リサイクル法

小型家電リサイクル法

251

13-4 賠償責任（リコール）

製品が市場に出回った後に、使用中に異常や不具合が発生することがあります。このような情報は、異常・不具合情報としてメーカーに寄せられます。メーカーは、迅速に消費者や使用者に公表や告知を行い、リコールなどさまざまな手段を通じて不都合を解消する責任があります。

● 異常・不具合の発生場所

設計段階、部品素材、製造段階などが原因で不具合が発生する場合、不具合が大規模化する可能性があります。一方で、流通段階や使用段階での不具合は、情報を元にその発生源を絞り込むことができますが、影響は限定的になります。

● 食品などの不具合の事例

食品などでよく見られる不具合の例には、組成表示の誤り、消費期限や賞味期限の誤記載、一時的な製造設備の異常、消費者からの報告による誤飲や誤使用、異物混入などがあります。食品は、消費者の健康と安全を最優先に考慮した対応が必要です。

● 不具合への対処方法

大規模な不具合が懸念される場合、メーカーは関連する所轄官庁に届け出を行い、公表や告知を実施します。不具合対応の手段は多様で、法令違反など深刻な不具合の場合は行政からの指導を受けつつ、迅速なリコール対応が求められます。

リコールには、法律に基づくリコールと、自主的に行うリコールがあります。**法律に基づくリコール**は、**消費生活用製品安全法**や**道路運送車両法**などに基づくもので、製品に重大な安全上の問題がある場合、法令に従ってリコールが行われます。一方で、自主的なリコールは、製品の欠陥により購入者が損害を受けた場合、企業イメージの低下を防ぐために製造者が自主的に製品を回収するものです。

製造者や販売者の判断で、無償修理・交換・返金・回収などの処置が取られることもあります。改善策を導入し、品質改善に取り組む場合や、サービスキャンペーンを行うこともあります。

賠償責任・リコール

メーカ

出荷

異常・不具合情報

届け出

**国土交通省
経済産業省**

公表・告知

行動

- リコール
- 自主回収
- 改善対策
- 返金
- サービスキャンペーン

消費者・ユーザー

異常・不具合

- 設計段階での不具合
- 部品素材での不具合
- 製造段階での不具合
- 流通段階での不具合
- 使用段階での不具合

食品などの具合

- 含有組成情報ミス
- 消費期限・賞味期限ミス
- 製造設備の一時的な異常
- 消費者からの不具合情報（誤飲、誤使用など）
- 異物混入

13
市場出荷後の責務：製品の旅路と未来

COLUMN　ものづくりの極意

　「同じ原料、同じ設備、同じ標準を使って鉄をつくっているのに、なぜ品質が異なるのでしょう」。筆者は製鉄所で、意識高い系のお客様の見学案内をよくやりました。
　質問に対する答えはこうです。「右手に豚肉とキャベツ、左手に中華鍋を持っています。食材を鍋に入れて、強い火でホイコーロを作ります。ここで質問です。中華の達人が作る料理と、筆者が作る料理では、どちらが売り物になるでしょうか？」「それは達人の料理ですね」「そうですね。でも原材料も設備も同じですよ」「うーん、それはそうですが……」。工場見学で品質の説明するときは、このような料理の話が一番フィットします。

ピンチはチャンス

　市場に製品が出荷されてからが、その製品の真価が問われます。クレームや不満だけでなく、使用者からの使用方法に関する問い合わせや故障相談、サービスパーツの確保に関する情報など、さまざまな製品に関する情報が企業に寄せられます。このような情報は製品にとっては新たなチャンスと言えるでしょう。

　出荷後の責務を果たすことで、大規模な事故を未然に防ぐことができます。また、多くの使用情報を得ることで、製品の改善のヒントを得ることも可能です。

　このような情報は、製品を設計・製造技術者にとっては貴重です。その情報を活用することで、製品の品質向上や顧客満足度の向上につなげることができます。

　私自身、鋼材の品質管理を担当していた際、さまざまなクレームに対応する機会がありました。その経験から言えることは、クレームの原因は単純に製品自体にあるわけではなく、途中での欠陥やお客様の使い方なども影響していることです。私の経験から、製品起因のクレームが2割、途中での欠陥が3割、お客様の使い方によるものが残りの半分だったといえます。

　ある製品では、典型的な異種金属接触腐食のクレームに遭遇しました。そのとき、教科書通りの現象が起きていることに感動しました。バネの寿命対策として、樹脂から頑丈なステンレス製に部品を変更したところ、腐食が始まったとのことでした。

　「昔は腐食しなかったのに、何か変更しましたか？」とお客様から真顔で聞かれたとき、私は相手の顔を見つめて感動に浸っていました。このような瞬間こそが、金属技術者の仕事の醍醐味であり、製品の進化に向けた大きな一歩なのです。もちろん、トラブルの解消にはとても時間と労力とコストはかかりましたが。

第 **14** 章

技術者倫理思考実験

　哲学書は、しばしば難解なものと思われがちですが、実際にはその理屈や定義の部分を読み飛ばしてしまえば、思考実験の部分にたどり着くことができます。そして、この思考実験の部分こそが、非常に興味深いものです。SF作家も顔負けのシチュエーションが次々と登場します。

　筆者自身は哲学者ほどの想像力を持っていないかもしれませんが、それでも真剣に取り組んでみる価値はあります。哲学書の中には、思考実験を用いて倫理的な問題を深く探求するものも多くあります。これらの本は、娯楽としても楽しむことができるおすすめの読み物と言えるでしょう。あなた自身の倫理的な思考を刺激し、新たな視点を得る一助となることでしょう。

仕事に役立つ思考実験

> 倫理学は、アリストテレスの時代から思考実験と呼ばれる架空の状況を通じて倫理的な問題を探求してきました。人々の心や考え方を扱う倫理学は、実践的な価値を持つものでもあります。以下に、仕事に役立つ可能性のある思考実験を4つ取り上げてみました。

● 黄金律

最初の思考実験は、**黄金律**です。この原則は、ほとんどの人が納得する正しい行動の基準です。さまざまな宗教や思想が「他人にしてもらいたいことは他人にもしてあげよう」「人に害を与えないようにしよう」という基本的価値観を持っています。このような行動指針を「人がなすべきこと=黄金律」と捉えることができます。

● 功利主義

次に挙げるのは、**功利主義**という考え方です。これは「最大多数の最大幸福」という原則を基にします。つまり、行動の善し悪しは、その行動が社会全体の幸福にどれだけ寄与するかによって評価されるという立場です。個人の不都合よりも、社会全体の幸福を重視する観点が特徴です。

● 線引き法

三つ目は**線引き法**です。倫理的な判断が白黒ではなく、グレーゾーンの場合が多いことを考慮する思考法です。善悪を明確に分けるのが難しい状況において、判断を幾つかの段階に分けて等級付けすることで、より適切な判断を導き出す試みです。

● 技術者無限責任説

最後に取り上げるのは、**技術者無限責任説**です。技術者はその技術に関する専門知識を活かすことが求められます。この思考実験は、技術者が自らが直面する状況において、責任をどのように取るべきかを問いかけます。たとえば、技術者が関与したプロジェクトが問題を起こした場合、その責任をどのように担うべきかを考えます。

仕事に役立つ思考実験

黄金律

- ユダヤ教
- キリスト教
- 儒教
- 仏教
- 回教
- ヒンズー教

「人の嫌がる事を
しない」
「迷惑をかけない」
「自分の欲する
ところを人に施せ」

技術者倫理も同じ

線引き問題

●不連続二分法

●スペクトル観

C1	C2	C3	C4	C5

▲
否定的
典型事例

▲
肯定的
典型事例

事を白黒で判断
できるものばか
りではない。
ほとんどの場合
多段階の判断が
求められる

技術者倫理

「最大多数の
最大幸福」の原理

**幸福
主義** ▶ 幸福をもたらすものが
倫理的に正しい

**統計
主義** ▶ 幸福を数値で評価して
総計が出せる

**結果
主義** ▶ ある行動が幸福の総
計の増減をもたらす結
果で判断する

功利主義

技術者
倫理

問題を知った時、どう対処するか

技術者無限責任

14-2 黄金律の使い方

技術者倫理を考える際には、倫理的な「すべきこと」だけでなく、「なぜ実際の行動が理想と異なるのか」というギャップを理解することも重要です。理想と現実の間に生じるギャップは、人間の行動の本質的な側面に関連しているかもしれません。

● モラルハザード

理想と現実の間に生じるギャップは、**モラルハザード**という概念が関連します。人々は誰であれ、監視されていないと、日頃と違う行動をとる場合があります。

● 黄金律の活用

黄金律を活用することで、モラルハザードを防ぐ手段が提供されます。黄金律は「自分がしてもらいたいことは他人にもしてあげよう」という基本的な原則です。これを実践することで、自分自身が他人の立場になり、行動の善悪を客観的に判断することができます。それでも迷うときは、神様に頼りましょう。皆さんは子供の頃、黄金律を学んでいます。多分皆さんは、こんな歌を歌ったことがあるはずです。

「どちらにしようかな、**天の神様の言うとおり**、プッとこいて、プッとこいて、ぷぷぷ」 二つのうち、どちらに決めなければならないとき、あなたは**神様の言うとおり**の方を選びました。神が告げるのは**倫理的行動**です。

● モラルハザード防止の方法

黄金律を実行するためには、心理的な規制をかける方法も役立ちます。こんなことをすると恥ずかしいという思いや家族へ説明できないなという感覚が、モラルハザードを防止する行動となる場合があります。また、**社会全体の目線**を意識し、他人の視点で自分の行動を評価することで、倫理的な行動を促すことができます。日本人の「悪いことをすると神様が見ている」「嘘つきは泥棒の始まり」という感覚です。

黄金律の使い方

黄金律

ユダヤ教　キリスト教

「人の嫌がる事を
しない」

儒教

「迷惑をかけない」

「自分の欲する
ところを人に施せ」

仏教

回教　ヒンズー教

技術者倫理も同じ

ストレートな問いかけ

「家族に胸を張って
話せますか?」

「見つからなければ
良いと思って
いませんか?」

「ニュースで見た時、
恥ずかしいと
思いませんか?」

どのモラルが崩壊しているのだろう

実際の行動

ギャップ

モラル
崩壊

本来あるべき
行動

モラル問題
①利己主義
②自己欺瞞
③意志薄弱
④無知
⑤自分本位
⑥狭い視野
⑦権威追従
⑧集団思考

目線を意識すると違う光景が見える

経営者目線　神様の目線

あなたの目線

上司目線　　利用者目線

同僚目線　　マスコミ目線

部下目線

14-3 ▶ 功利主義（最大幸福論）

> 組織内で仕事をする際には、功利主義という考え方が影響を与えることがあります。功利主義は、「最大多数の最大幸福の原理」を指し、全体の利益を重視する立場を表します。個人が犠牲を払ってでも、全体の幸福を追求するというアプローチです。

● サンデル先生の提案

マイケル・サンデル氏の講義では、功利主義が関連する多数決や全体の幸福と、個々の尊重の対立が議論されます。多数決や全体の幸福を優先する立場では、少数派が不利益を被る可能性があります。一方で、個々の尊重を重視すると、極端に個別の権利や利益が主張され、社会の統一が難しくなる場合もあります。

どちらの仕組みでも、全体や個を満足させることはできません。サンデル先生のアドバイスは、「両方の言い分をよく聞いて、納得できる落とし所を探す」でした。

● 功利主義の活用

功利論は、公共事業や地域問題の解決、施設の建設、土地利用の決定などで利用されることがあります。特に、多くの人々に影響を及ぼす決定を行う際には、どのような選択が全体の幸福を最大化するかを検討する基準として使われます。

● 功利主義の限界

ただし、功利主義にも限界があります。少数派の権利や利益が無視される可能性があることや、個々の尊重を欠いてしまうことが懸念されます。

企業の中で活動は、原則功利主義に従って行われます。企業全体が幸福になる活動を、数値で表しながら、企業全体の利得が増えるように行うのはまさに企業活動です。労働強化や人員削減が正しいことのように行われると、ブラック企業になりかねません。時折新聞やテレビをにぎわす企業が現れるのも**いき過ぎた功利主義**の弊害です。功利主義のシーソーがどちらに傾くかを見極める必要があります。

この活用と限界のバランスを取るためには、サンデル氏が提唱するように、両立可能な方法を模索し、対話と議論を通じて最適な解決策を見つけることが重要です。

功利論の使い方

功利主義

「最大多数の最大幸福」の原理

幸福主義	幸福をもたらすものが倫理的に正しい
統計主義	幸福を数値で評価して総計が出せる
結果主義	ある行動が幸福の総計の増減をもたらす結果で判断する

路面電車問題（トロッコ問題）

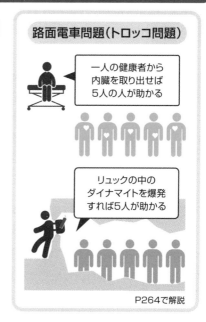

一人の健康者から内臓を取り出せば5人の人が助かる

リュックの中のダイナマイトを爆発すれば5人が助かる

P264で解説

功利主義のシーソー

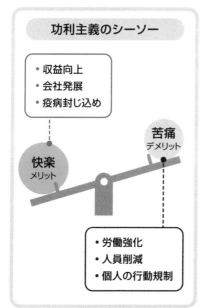

・収益向上
・会社発展
・疫病封じ込め

苦痛
デメリット

快楽
メリット

・労働強化
・人員削減
・個人の行動規制

マイケル・サンデル先生の正義理論

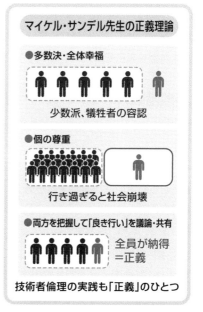

●多数決・全体幸福

少数派、犠牲者の容認

●個の尊重

行き過ぎると社会崩壊

●両方を把握して「良き行い」を議論・共有

全員が納得＝正義

技術者倫理の実践も「正義」のひとつ

261

14-4 線引き問題

倫理的な行動には、信号を守る・守らないのような、行動を白黒で判断できるものも多くあります。しかし、企業内での倫理的な行動はしばしば多段階の判断を必要とします。これを多段階のスペクトル観的線引き問題と呼びます。線引き問題は、どこに倫理的行動の基準を置くかという難しい問題を指します。

● 不連続二分法の基準

不連続二分法では、倫理的な行動を責務の果たし・果たさないの二択で判断できます。たとえば、法律で規定された義務を果たすか否かといった基準は比較的明確です。しかし、こうした基準に反して行動するケースがあると、それはモラルハザードが背後に潜んでいる可能性があります。たとえば、そのギャップを生み出したモラルハザードが、あなたの「断れない」「ほしい」「快楽慣れ」「習性化」「感覚麻痺」などで起こっているような場合です。

線引き問題は、倫理的な判断が明確ではない場面で特に顕著です。こうした問題に対処するためには、明確な倫理的基準の設定だけでなく、個々のケースにおいて議論や対話を通じて解決策を模索する必要があります。

● 多段階のスペクトル観的判断

一方で、多くの企業活動は、多段階のスペクトル観的判断を要求します。たとえば、贈り物を受け取る場面を考えてみましょう。贈り物の種類や金額によって受け取るか否かが変わります。しかし、その基準は明確でなく、受け取ってもモラルハザードを生む可能性がある場合もあります。

同様に、研究倫理においても、論文の盗用や引用に関する線引きが難しいケースがあります。「どの程度まで引用して良いのか」「どの段階から盗用と見なされるのか」は、個々の判断に委ねられます。

製品の性能検査においても線引き問題が生じることがあります。たとえば、下限値に達しなかった場合に再判定を行い、合格と判断したとします。このような行動が繰り返されると、試験の閾値が変動し、問題が生じる可能性があります。

線引きしきり問題

線引き問題

●不連続二分法

●スペクトル観

C1	C2	C3	C4	C5

否定的典型事例 ← → 肯定的典型事例

> 事を白黒で判断できるものばかりではない。
> ほとんどの場合多段階の判断が求められる

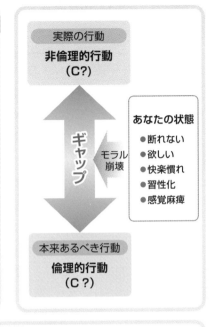

実際の行動
非倫理的行動（C?）

ギャップ

モラル崩壊

あなたの状態
- 断れない
- 欲しい
- 快楽慣れ
- 習性化
- 感覚麻痺

本来あるべき行動
倫理的行動（C?）

	C1 否定的典型事例	C2	C3	C4	C5 肯定的典型事例
		人によって倫理的/非倫理的の境が分かれる			
業者からの贈り物	個人口座にお金が振り込まれる	定期的に高額の贈り物が届く	出張先で接待される	昼食を奢ってもらう	カレンダーをもらう
他人のものの利用	前から欲しかった傘を拝借する	他人の綺麗な傘と自分の傘をわざと間違える	店前の傘立てにある他人の傘を拝借する	自分の傘に似た傘を拝借する	駅に放置された傘を拝借する

事例

- 他人の論文の盗用
- 検査・試験の再判定
- 部下の怪我時の処置

誰も知らない ← → 知られるとまずい

2秒1秒の法則

14-5 ▷ 技術者無限責任論

> 技術者倫理とは、「問題を知ったとき、どう対処するか」です。これは、あなたが技術者を仕事として選択した宿命なのです。技術を通して人類の幸福に貢献するためにも技術に誠実であることが求められ、技術者倫理に従う責務があります。

● ある工場でのトラブルの例

責任に関する思考実験で技術者の行動を考えてみましょう。あなたはA工場の技術者で、古い設備に起因するトラブルを経験し、新しい設備に変更しました。その後、異なるB工場を担当し、同様の設備のトラブルを予測しましたが、経済的な制約から新しい設備の導入は難しかったため、口頭で作業者に注意を促すことで着任期間は無事故で過ごしました。あなたは別のC工場に移動しました。しかし、その後B工場で環境事故が起こり、問題が明らかになりました。

● 技術者の責任

ここで考えるのは、あなたの責任の範囲です。技術者倫理の観点からは、あなたは**技術者ゆえに知り得たリスク**に対して無視をしたり、問題を隠したりすることは違反とされます。技術者はその専門知識を通じてリスクや問題を識別できる立場にありますが、何も言い出さなくても誰も技術者を責めません。技術者がそういう知見を持っているかどうかは、本人しかわかりません。

● 技術者の無限責任

まずモラルの章の、自己欺瞞を読み直してから考えてみてください。ここで、「技術者には無限責任がある」との表題に対して、皆さんは反発されたり、納得されたり、「現場を全然わかっとらんがな」「それは違う会社の思い上がった考え方」など、さまざまな感情が湧き起こってくることでしょう。

思考実験は、その感情が湧き起こってくれただけでいいのです。このテーマを一度でも考えて見れば、皆さんが同じような状況に遭遇したときに思い出して、考えてみて、より良い対策を提案できるかもしれません。そのための思考実験です。

技術者無限責任論

技術者無限責任

技術者
倫理

問題を知った時、どう対処するか

技術者(という職業)を選択した宿命

- 人類の幸福に貢献する
- 技術に誠実であること
- 技術者倫理に従う責務
- 技術への無限責任

以前いたA工場

旧式でトラブル → 新式に替えた

担当したB工場

これは危ない。いつかトラブルぞ

でも、もうすぐここは止まるし
新型に替えるお金もない

危ないので、口頭KY

トラブルなく任期終了

現在の職場　B工場でトラブル

実際の行動

黙認・自分は対応

ギャップ

自己中心
自己欺瞞

本来あるべき行動

危険を取り除く

あなた

経験者だからわかるリスク

技術者だからわかるリスク

組織の一員としての技術者

倫理思考実験

　倫理思考実験は、倫理的なジレンマや複雑な状況に対する倫理的判断を探求するためのツールとしてよく用いられます。それぞれの問題は、人々が直面する現実の複雑な選択肢や道徳的なジレンマを模倣しており、人々が自分の倫理観や価値観を考え、評価する手助けとなります。

　暴走トロッコ問題は、一人の命を犠牲にして多くの命を救うという難しい選択に対する道徳的な側面を浮き彫りにします。この問題は、功利主義の観点からは最大多数の幸福を優先すべきであるという立場と、個々の人権や尊厳を尊重すべきであるという立場との対立を示唆しています。

　一方で、**臓器移植問題**は、数の優越性と個々の人の尊厳とのバランスを問いかけます。多くの命を救うことができるが、それは一人の命を犠牲にすることを意味します。この問題は、倫理的な行動を通じて最も多くの善をもたらすべきか、それとも個人の人権を優先すべきかという問題を考えさせます。

　洞窟探検問題は、自己犠牲と他者の救済との間の倫理的ジレンマを探求します。一人の命を失うことで他の人々を救えるかもしれないが、それは自己の権利を犠牲にすることを意味します。この問題は、人々が自分自身と他者との関係、そして生存権や尊厳のバランスをどのように考えるべきかを考慮させます。

　倫理思考実験は、倫理学的な視点を養い、個人の価値観や道徳的判断を深める手段として有用です。これらの実験は一般的に短いストーリー形式で提示され、参加者がその選択肢や行動について議論し、自分の立場を検討する機会を提供します。

　その結果、人々は複雑な倫理的問題に対する洞察力を高め、より意識的な意思決定を行うための能力を養うことができます。

路面電車問題(トロッコ問題)

一人の健康者から
内臓を取り出せば
5人の人が助かる

リュックの中の
ダイナマイトを爆発
すれば5人が助かる

資料

　資料では、皆さんにも即戦力で役立つ手法を３つ厳選して紹介します。初めに、「モラルの守護神」です。これは８つのモラルを肌身離さず持ち歩ける優れものです。

　次に、「棒人間コーチング法」の実施例です。これは、自分や部下や対して使える手法です。たった５分間で頭がスッキリ整理できます。これを覚えると一生頭の整理が楽になります。

　最後は「部下の指導」についての山本五十六の格言です。部下の指導は、上司力を磨くことだと気付かされます。何度も読み直す価値があります。

「モラルの守護神」の作りかた

1 隣のページをコピーする

2 ページを切り離す

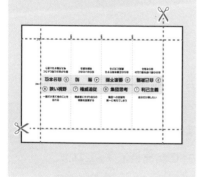

3 中央の2マスのみ
切断する

4 山折り、谷折りをする

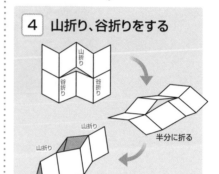

半分に折る

5 冊子にする。

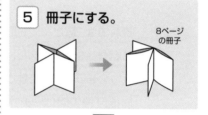

8ページ
の冊子

6 気になる項目を書き込む

7 肌身離さず持ち歩く

モラルの守護神

⑥ 狭い視野

一面だけ見て他のことを忘れる

⑤ 自分本位

誰もが自分と同じように考え行動すると思う

⑦ 権威追従

権威者にすがり自らの判断を放棄する

④ 無知

知らないために判断を誤る

⑧ 集団思考

集団への忠誠を第一に考えてしまう

③ 優柔不断

自らの正義を実行する勇気に欠ける

⑥ 自分本位の思い込み

自分の言い訳を信じ込み自らを偽る

① 利己主義

自分だけ得したい

「棒人間コーチング」のやり方

5分間厳守

言っていい言葉

「もう少し詳しく」
「他にありますか」
「それはすごいね」
「簡潔にお願いね」

やってはいけない事

あなたの経験談を語る
親身のアドバイスをする
説教をする
揶揄する、皮肉をいう

あなたの役割

● ①から⑧を埋める
● ひたすら聞き出す
● 相手の言葉を繰り返す
● どんな発言も肯定する
● 時間キーピングをする

相手の役割

● 聞かれた事だけ答える
● 直感で答える
● 不満や不安を言わない
● 時間内に終わらせる
● 模範解答などない（と考える）

書き殴った棒人間表を渡す　　相手が文章化する　　コーチに手渡す

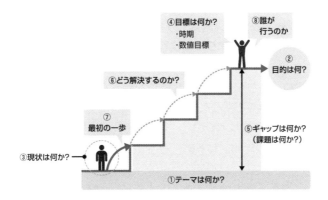

④目標は何か?
・時期
・数値目標

⑧誰が
行うのか

②
目的は何?

⑥どう解決するのか?

⑦
最初の一歩

③現状は何か?

⑤ギャップは何か?
(課題は何か?)

①テーマは何か?

●棒人間コーチング例

コーチがK、受ける人がAとしましょう。

K「はい、Aさんこんにちは。今日はどういうお話をしましょう」

A「何だか、仕事がうまく回らず、どんどん溜まって行くんです（①テーマ）」

K「へえ、仕事が溜まっていくんですね。どうしたいのですか（②目的）」

A「Bさんのようにバリバリ、仕事をこなせるようになりたいんです」

K「バリバリ!前向きでいいですね。もう少し具体的に教えてくれませんか」

A「クレームの処理で、調査はするものの報告書作成が追いつかないんです。これをどんどん捌ければと思っています（②目的の完成）」

K「クレーム処理件数ですか。Aさんは今どんな状態ですか?（③現状）」

A「せいぜい、日に２件の報告書がやっとです」

K「ほう。２件もやれているならすごいですね。それをもっと増やしたいんですね。何件くらいこなせればいいと思っています?（④目標）」

A「Bさんと同じように５件くらいは報告書を作りたいですね」

K「Bさん並の５件ですか、意欲的ですね。で、いつまでに達成したいのですか」

A「年末までに達成できるようにしたいと思っています」

K「すごいなあ。年末までに５件ですか（④目標は必ず、期限と数値が必要）」

A「できるかなあ。自分でもチャレンジャブルと思うんですよね」

K「チャレンジャブル、いい言葉ですね。きっとできますよ。でも今は、現状と目標でギャップがありますよね。なぜだと思います？（⑤ギャップ・課題）」

A「そうですね。一つにはクレーム調査をやっていると、すぐ次のがきて、中途半端でおいておくことが多いんです。それに、調査項目も毎回考えなければならないし・・・・・（⑤課題の抽出の完成）」

K「いっぱい出ましたね。じゃあ、どうすればいいんでしょう（⑥解決手段）」

A「それは、調査手順をマニュアル化するとか、調査項目をフォーマット化する。それに、人に任せられるところは・・（⑥解決手段を自分で喋り出す）」

K「マニュアル化にフォーマット化、すごいですね。でもそんなに一度にやれませんよね。まず何からやりますか？（⑦最初の一歩）」

A「そうですね。まず、クレーム調査のフォーマットを作ろうと思います」

K「いいですね。じゃあ、次回、その力作を見せてくれますか。」

A「頑張って作ってみますよ。次回、アドバイスももらえますか？」

K「アドバイスするのが楽しみだなあ。で、この仕事は誰がやるんでしたっけ（⑧誰がやるのかの明確化）」

A「もちろん僕ですよ」

K「もちろん僕!元気いいねえ。よし、ここに書き込んでください。びっくりマークは何個つけます？」

A「3個で行きたいと思います（最高10個つけた人もいました）」

部下の指導に困ったら読む言葉

人を動かす

「やって見せ、言って聞かせてさせて見せ、
ほめてやらねば、人は動かじ」

「話し合い、耳を傾け、承諾し、
任せてやらねば、人は育たじ」

「やっている、姿を感謝で見守って、
信頼せねば、人は実らず」

　連合艦隊の司令長官ともなれば、全海軍を指揮する立場にあります。組織を動かすのは人であり、人を育てなければ、強い組織 になりません。山本五十六の言葉には、人材育成、特に上司力 にかかわる言葉が多数あります。もっとも有名な言葉に、「やってみせ」があります。「やって見せ、言って聞かせて させて見せ、ほめてやらねば人 は動かじ」お手本を示して、教えて、やら せてみる。そして、よくやったとほめなければ人は動かないんだぞ。戦闘を職業とする海軍の総大将 がいう言葉です。仕事の定着（技能伝承）に苦労していたことがうかがえます。人材育成の難しさを 語る言葉として、しばしば引用されているのはご承知でしょう。「やってみせ」にはあまり知られていませんが、続きがあります。こちらの方が上司力の難度がさらに高 いものになっています。

　「話し合い、耳を傾け、承諾し、任せてやらねば、人は育たじ」さらに五十六は畳みかけます。「やっている、姿を感謝で見守って、信頼せねば、人は実らず」ここまでくると、上司は忍の一 字です。部下が頼りないからと言 って指示ばかりするな、やっている姿を見て任せて信頼しろ、というのです。これは、上司にとって 極めて忍耐のいることです。山本 五十六の言葉は、一見実際に行動している部下の育成を語って いるようで、実は上司力を鍛えよ、言っているのです。

本書を最後までお読みいただき、お疲れさまでした。技術者倫理は複雑で難解なテーマかもしれませんが、その重要性と意義を理解し、考える機会を持つことは、個人だけでなく社会全体にとっても重要なことです。

倫理は私たちの行動や判断に影響を与えます。技術者としての職務や責任を果たす上で、倫理的な観点を忘れずに考えることが求められます。そして、技術者倫理が導くものは単なる規則や指針だけでなく、社会に対する貢献や持続可能な未来への責任です。

本書が、技術者倫理に対する理解を深める助けとなり、日常の業務や選択において倫理的な視点を持ち続けることに役立てていただければ幸いです。

この書籍を書こうと思い立った理由は、2つあります。

1つ目は、技術士としての自分の責務を考えたことです。この書籍に書かれていることはあまりにも当たり前のことです。皆さんが日頃考えていることばかりではないでしょうか。しかし、その当たり前をいざ説明しようとしたときに、「わかりやすい本がなかなか見当たらない」ことに気づきました。

技術者倫理は、筆者が所属する公益社団法人日本技術士会で、専門的な委員会まで作って追求しているものづくりの原点とも言える思想です。それを、世に広めたいと思っていても、その手段の大半が「大学での講義」を通してです。そこで、数年前まで企業内技術士であった筆者は、なんとか社会人にこの思想を広められないか模索していました。

そこで、やむに止まれぬ思いから、当時勤務していた企業の中で、講義を始めました。ところが企業内では、事例研究を話してもあまりにもジャンルが違い過ぎ、かつ言葉がわからない状態の人たちが多く、途方に暮れるばかりでした。多くの技術者倫理の専門家にも相談しましたが、なかなかこれといった答えがつかめません。そこで、他人に任せるのではなく、自分で技術者倫理に関する入門書籍を作り講義を始めました。

モラルや倫理やコンプライアンスをできるだけわかりやすく解説し、専門家なら当たり前過ぎて説明を省く項目も入れ込みました。こうして、今回の書籍の雛形が

出来上がりました。会社を卒業した後も、企業人に役立つ技術者倫理を目指して本を書き進めてきました。こうして出来上がったのが、ものづくりの実務者に向けた本書です。

2つ目は、企業内で実際に数百名に対して講義をした結果です。すべてを講義したわけではありませんでしたが、多数の技術者、管理職の感想は「初めて聞いた」「もっと早くから聞いておきたかった」「これは部下にも聞かせたい内容だ」でした。

ものづくりの技術者に向けた「技術者倫理」が企業内でほとんど知られていないことに愕然とすると同時に、「技術者倫理を知っておきさえすれば、容易に乗り越えられたこともたくさんあっただろうに」という後悔にも似た感情でした。

実際に筆者は、ライン管理者をしているときに被災者を出し、品質管理をしていて品質事故やコンプライアンスに関わる大事件を目の当たりにしました。こうした経験からすると、今この瞬間にも「技術者倫理を知っておりさえすれば」防げたり、乗り越えられる困難に直面している技術者が大勢いるのではないかと考えます。

筆者がこの書籍で繰り返し述べているように、「これこれは決まりだから従うべきだ」「これこれ違反をするので倫理問題が起こり、社会が迷惑を被り、会社が困った事態になるんだ。だからコンプライアンスを守ろう」と言い続けたところで、読者の皆さんの気持ちが落ち着かないのではないでしょうか。とりあえず、ややこしい議論は忘れておいて、「目の前のこの緊急の仕事を片付けなければ」となります。

人と動物の違いは、コミュニケーションではありません。動物もコミュニケーションはしています。人間を人間らしくさせているのは、未来を想像する力です。危険を予知し、備える力が、人間を動物の群れから抜け出させ、この世を作ることに成功しました。

技術者倫理は、危険と不安の森です。そこには、さまざまな禍事（まがごと）が描かれています。まともな人なら読みたくないことばかりです。しかし、それで不都合を予知し、備えることができれば、さらに新たな世界が待っています。本書は「そんな本になったらいいなあ」と思いながら書きました。これまでなかったくらいに全身全霊を傾けて書きました。

筆者記す

技術者倫理参考図書

■マイケル・サンデル

マイケル・サンデル『これからの正義の話をしよう』鬼澤忍訳、早川書房、2010年

(「5人のために1人殺すか」のトロッコ問題で有名になった名講義)

マイケル・サンデル『サンデル教授の対話術』小林正弥訳、NHK出版、2011

(話術がすごいサンデルの講義方法)

マイケル・サンデル『それをお金で買いますか』鬼澤忍訳、早川書房、2012年

(独房買い上げ、代理母、製薬会社の人間モルモットなど行きすぎた市場主義)

マイケル・サンデル『実力も運のうち能力主義は正義か』鬼澤忍訳、早川書房、2021年

(能力主義は残酷な自己責任論と表裏一体)

■工学倫理

日本技術士会『科学技術者の倫理その考え方と事例』丸善、1998年

(米国の『工学倫理のコンセプトと事例』を初めて国内紹介する良書)

日本技術士会『第2版科学技術者の倫理その考え方と事例』丸善、2002年

(先行本の大改訂。総括的な技術者倫理を網羅しつつ事例をふんだんに載せた原著完訳)

内井惣七『科学の倫理学』丸善、2002年

(当時の捏造、盗作事件を事例で取り上げ、科学と科学者の倫理を論じている)

中村昌允『事故から学ぶ技術者倫理』工業調査会、2005年

(産業事故事例・不都合事案を用いて技術者倫理に沿った行動の行動を解説している)

A.S.Gunnら『その時エンジニアは何をするべきなのか』藤本温度ら訳、森北出版、2007年

(物語風の事例が次から次へと出てきて、その場の技術者になった気分になれる)

小出泰士『JABEE対応技術者倫理入門』丸善、2010年

(大学での講義に向けて作られた技術者倫理を網羅した事例説明)

日本技術士会倫理委員会『技術者倫理事例集』日本技術士会、2011年

(日本技術士会の倫理委員会で検討した事例集冊子。非売品)

大石敏広『技術者倫理の現在』勁草書房、2011年

(技術者の倫理的責任を方法論や道徳的ジレンマなどで解説。後半は事案解説)

比屋根均『明日の社会人・明日の技術者のための技術と倫理入門』美濃商会、2011年

(技術士が書いた学生向けの入門書。JABEEの教科書に使う。倫理事例は豊富)

比屋根均『技術の営みの教養基礎 技術の知と倫理』理工図書、2012年

(技術士が書いた学生向けの社会人生活の入門書。用語解説などは丁寧にされている)

中村収三『技術者による実践的工学倫理（第3版）』化学同人、2013年

（原発事故や製造物責任の事例を通して、専門家としての技術者の倫理を考える）

齋藤了文『初めての工学倫理（第3版）』昭和堂、2014年

（技術者倫理の話は出ないが、事故解説が欄外解説付きでどんどん出てくる自習書）

北原義典『はじめての技術者倫理』講談社、2015年

（このジャンルに珍しくイラスト豊富。筆者の企業内講義の開眼に役立った書籍）

札野順『技術者倫理（放送大学教材）』放送大学教育振興会、2015年

（NHK放送大学で講義された技術者倫理を法律や責務など多角的な視点で論じた）

室蘭工業大学技術者倫理研究会『技術者倫理事例集』（不詳）

（事例研究ならこの図書一択。耐震偽装、渋谷温泉爆発、雪印食中毒など8事例）

＊事故事例・不都合事例を扱った失敗学関連の書籍も膨大にあるが、ここでは割愛。

■仕事と哲学

梅原猛『聖徳太子 憲法十七条』小学館、1981年

今道友信『エコエティカ』講談社学術文庫、1990年

（先生の講義「生圏倫理学」を技術士会でお聞きしたときの衝撃が、筆者の技術者倫理を考え始めた原点。インターネットもない時代に技術連関を提唱している）

西部邁『福沢諭吉その武士道と愛国心』文藝春秋、1991年

（福沢諭吉は戦後揉みくちゃにされてきた。著作を素直に読んだ議論が展開される）

藤原稜三『守破離の思想』ベースボールマガジン社、1993年

（芸事、武芸だけでなく、ものづくりなどの「道を極める」思想を語る）

科学技術倫理フォーラム『説明責任・内部告発』丸善、2003年

（企業活動を、技術、法、倫理から考えている、日本の原子力や医療の事例研究）

塩原俊彦『ビジネスエシックス』講談社、2003年

（企業の不祥事の犠牲は責任を取らされる社員との立場から理論武装を推奨）

エリック・フェルテン『忠誠心、このやっかいな美徳』白川貴子訳、早川書房、2011年

（古今東西の逸話から「忠誠心」とは何かを浮き上がらせる）

ジュリアン・バジーニ『100の倫理思考実験』向井和美訳、紀伊国屋書店、2012年

（哲学や倫理の思考実験実例集。筆者は企業内向け演習に作り変えて使った）

鈴木義幸『コーチングが人を活かす』ディスカヴァー・トゥエンティワン、2013年

（コーチング手法を簡潔にかつ実務に役立つように紹介している）

古賀茂明『原発の倫理学』講談社、2013年

（フクシマを契機に、原発推進派や反対派の議論が入り乱れた）

須田狼庵・加地伸行『The Analects 論語に学ぶビジネス・エシックス』コミニケ出版、2015

（論語を英訳し解説。難解な論語の内容が、仕事に使えるレベルにまで降りてくる）

■哲学

石川伊織『倫理の危機?』廣済堂出版、2002年

（「なぜ悪いことをしてはいけない?」の問いから、近代社会の危機を説く）

和辻哲郎『人間の学としての倫理学』岩波文庫、2007年

（「倫」は仲間で「理」はことわり。「人倫の体系」として説く）

ルートヴィヒ・ジープ『ジープ応用倫理学』山内廣隆訳、丸善、2007

（善や価値、自然倫理から環境倫理・生命倫理を語っている。ドイツ思想家）

國分功一郎『暇と退屈の倫理学』朝日出版、2011年

（哲学を楽しく語る入門書。出だしのプロジェクトXの違和感から共感しっぱなし）

小川仁志『ジブリアニメで哲学する』PHP文庫、2017年

（ジブリ好きには外せない入門書。飛行石とは何か? なぜトトロはとなりなのか?）

河野哲也『人は語り続けるとき、考えていない』岩波書店、2019年

（対話や考えるとは何か? 「子どもの哲学」「哲学カフェ」の実践記録）

■海外未翻訳

Michael Davis『Engineering Ethics』Routledge、2005年

（工学の倫理問題についての論文を57編も集めた冊子。内容に統一感はないが、テーマに重なりはない）

R.S.Naagarazan『A textbook on Professional Ethics and Human Value』New Age International、2006年

（職業倫理、内容は簡潔かつ正確。インドの大学での技術者倫理講義シラバス）

B S Raghavan『THIRD REVISED EDITION HUMAN VALUES AND PROFESSIONAL ETHICS』S.CHAND、2009年

（導入部の人間の価値論が圧巻。職業倫理を説く。宗教や思想がある組織への倫理教育はその両立を説く必要があり大変）

IBO VAN DE POEL AND LAMBER ROYAKKERS『ETHICS、TECHNOLOGY、AND ENGINEERING An Introduction』A John Wiley & Sons, Ltd、2011年

（冒頭はもちろんチャレンジャー号の技術者倫理問題から入る。しっかりしている）

ここに挙げている書籍は、読んで参考になったものに限定しています。論文や講演会資料などにも様々なものがあります。ぜひ、これをきっかけに探してみてください。

索引

●著者紹介

田中 和明（たなか かずあき）

技術士（金属部門）／労働安全コンサルタント

京都大学大学院を修了後、新日本製鐵株式会社（現在の日本製鉄株式会社）で40年間、製鉄現場技術者として勤務。2020年に定年退職後、田中金属技術士事務所を開業する。現在、日本技術士会金属部会の部会長を務める。

技術者倫理との出会いは、20数年前に哲学者の今道友信先生の「エコエティカ」の講義に衝撃を受けたことから始まる。畑村洋太郎先生の「失敗学」の立ち上げに参加でき「技術者と失敗」について考え方を学べたこと、さらにはその当時の自分の担当職場で死亡災害一歩手前の大災害を出し、「安全への思い」をどう伝えるかを悩み抜いたこと、バブル崩壊で自分の工場の人員の大削減を経験したことも影響している。
大クレーム、コンプライアンス問題なども次々と起こり、「技術者が経験する考えうる限りの種類の禍事」が次々と襲いかかる状態が重なって、「技術者とは何か、上司とは何か、倫理とは何か」を考え抜かざるを得なかった。
書籍にすると綺麗に整理されて見える一つひとつの記述も、背後には血が噴き出しそうな様々な経験と筆者の思いを込めて書いている。本書はそのエッセンスが凝縮されている。

技術者・研究者のための
技術者倫理のキホン

| 発行日 | 2023年 12月 1日 | 第1版第1刷 |

著　者　田中　和明

発行者　斉藤　和邦
発行所　株式会社　秀和システム
　　　　〒135-0016
　　　　東京都江東区東陽2-4-2　新宮ビル2F
　　　　Tel 03-6264-3105（販売）Fax 03-6264-3094
印刷所　三松堂印刷株式会社　　　　Printed in Japan

ISBN978-4-7980-7109-1 C2034